HEART
心｜視野

人類圖

愛‧關係與性

揭開人與人相互吸引的祕密，找到對的相處模式，為愛綻放

亞洲人類圖學院
HUMAN DESIGN SCHOOL ASIA

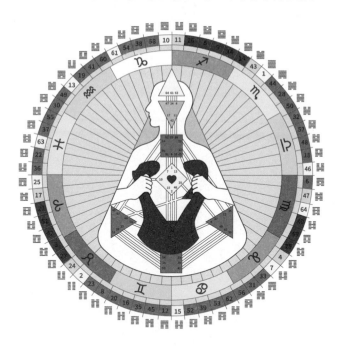

KORSETT BEZIEHUNG?

In Partnerschaft und Sexualität sich selbst leben!

安節雅博士 Dr. Andrea Reikl-Wolf｜蘇嘉‧G‧舒拉莫 Shurga G. Schrammel 著

喬宜思 Joyce Huang 審定　趙崇任 譯

好評推薦

「2012 與 Joyce 約個案解讀後，正式進入身心靈領域探索的門，藉由人類圖讓我遇見不同面向和藏在心底的祕密，讓我知道所有系統都是我們了解自己的工具，向外冒險找尋的時候，永遠都要記得鑰匙就在手上，而我們隨時都能回家。」

—— 小球（莊鵑瑛），歌手、自由創作者

「活出自己，才能遇見願意尊重你的人。只會一味的討好別人，委屈自己；過得像隻囚禁的鳥，人生又有何意義？想改變，一點都不遲。獨一無二的自由人生由你決定。」

—— 謝佳見，藝人

審定序

不管愛、關係與性，都是過程，
通往最真實的自己

—— 喬宜思（Joyce Huang），亞洲人類圖學院負責人

　　若能將「問世間情為何物，總叫人生死相許」的愛戀，轉換成有條有理，有脈絡有緣由的解釋，讓你容易理解愛情到底是怎麼一回事，你想知道嗎？別太衝動回答我，知道不等於解脫，明白不代表接受，愛情中的為難、錯過、傷感與無力，那些受苦的一切，也同樣為你帶來了快樂、喜悅、滿足、依戀、難捨的美好。知道了，不過是知識，體驗過，才會懂人生。

　　我喜歡安節雅老師的這本書，她以最客觀的人類圖知識，來講最感性的愛、關係與性，是理性的療癒，提供頭腦解答，然後她完全不走勸和不勸離路線，從頭到尾的著眼點，不在乎一段關係能否天長地久，而是你，你有沒有做出正確的決定？你快樂嗎？你活得真實嗎？你有沒有活出自己？

　　主軸是你，而愛、關係與性，則是你所創造出來的各種體驗，在付出與接收之間，在牽手與放手之後，關鍵點並不在於另一個人，而是你此生想學的課題是什麼，藏在每個生命課題裡面的寶物，挖出來之後才能讓人看見，最真實的自己。

我和安節雅老師認識多年，一開始她是學霸老師，我是學生，後來我們越來越熟，成為合作的夥伴，一起工作的拍檔，亞洲人類圖學院多次邀請她來台開課，她就像《哈利波特》（*Harry Potter*）裡的人物麥教授（Minerva McGonagall），本人非黑即白認真仔細，教學風格講得清清楚楚，沒有什麼模糊地帶。

　　而這本書，延續她本人一貫的風格，嚴謹冷靜，你以為講的是火熱的愛、關係與性，拆解開來，其實是人與人之間彼此設計不同，在運作機制上的相互引發，牽制與影響。

　　深入人類圖這門知識，除了了解自己，再重新來看愛、關係與性。如果這一切都是基因的運作機制，那愛是什麼？還是，有沒有另一種可能會是，當我們能真正看見基因的運作機制，愛才有機會能展現出截然不同的風貌？我們才能跳脫盲目的吸引與迷戀，不被既定的文化制約與認知所限制，不再認為在關係中每個人都有固定的角色要扮演，才能完成世俗認定的責任與義務？

　　我沒有答案，我也在探索的過程中，只是我很期待，我期待當越來越多人能更加認識自己，能看清楚並區分出，關係中屬於彼此的每個課題，當一個人真實活出自己，沒有自欺，就不必索取，沒有腦袋設下的標準，更敏銳體驗自己的身體的感受。如此一來，我們才能真正選擇愛。

前言

用人類圖一窺人與人之間的相遇

　　在本書中，我們可以透過人類圖一窺情感關係，並以客觀的角度解讀人與人之間的相遇。

　　一位加拿大藝術家發展出一套以生日為基礎的人類圖體系，可以清楚分析一個人的本質。這套系統不僅能讓我們更了解自己，還能幫助我們遇到適合自己的人。

　　人類圖是一套經得起考驗的系統，讓我們激發出不同的思維，並從中獲得啟發。我們並非要強迫你接受全新的觀點，而是為你提供嘗試的契機，倘若你抱持懷疑，不太相信，實驗看看也無妨。

　　人類圖可以幫你跨出步伐，建立滿意、成功、協調與充滿驚喜的關係。

　　無論是人際關係、工作或家庭的課題，許多人都是透過頭腦做出各種決定。雖然頭腦是人體負責思考的精密器官，但從人類圖的角度來看，頭腦不太適合用來做決定。

　　對於生產者的類型來說（約占全球人口三分之二），根據內在權威來做出人生抉擇，扮演了相當重要的角色。若生產者用頭腦來做決定，便會覺得生活艱辛，人生充滿挫敗，像是肩上扛了沉甸甸的擔子。隨之而來的挫敗感會越來越大，然而這些挫折往

往毫無意義。若生產者能傾聽自己的薦骨聲音，並做出正確的決定，便能感到活力十足。如此一來，不僅卸下了肩上的重擔，也能往正確的人生道路邁進。也就是說，只要依據自己獨一無二的人類圖做出正確的決定，便能擁有美好的人生。

本書是用來觀察並了解自己與他人的基本工具，並提供了獨特的見解。你能夠在書中學習到專屬你個人基因的天賦。根據自己的類型，回到內在權威與策略，你將能找到屬於自己做出正確決定的方式，並大有所獲。

看待兩性關係的全新角度

人類是社會性的物種，在基因中便是與生俱來，而基因之所以這樣設定，就是為了能夠繁衍下一代。

數千年來，人類的社會結構發展出多樣化的形態，而以男性為主的父權制度，在我們的文化中逐漸占主導地位。這種以男權至上的形態，遠遠超越父系社會的程度。

男人，是一家之主，成為一家公司的主管，甚至擔任國家的領導人，這種現象在政治與商業團體中隨處可見；相較之下，母權制度代表了永續共存，女性在生活環境、社會、宗教與法律領域中，擔任重要的角色。

世界各地的伴侶關係形式大有不同，例如：在極嚴格的穆斯

林規定下，一名男子最多可以同時與四名女子結婚。

在基督教出現之前，一夫一妻制不會是大家公開討論的議題。即使在今日，嚴格的一夫一妻規範在全球文化中仍屬於少數，基督教婚姻為了確保孩童能在安全無虞的環境中成長。

至今仍有某些文化認為，男女終身共同生活不屬於「自然規律」，像是在中國四川的摩梭人，他們施行走婚制度，男女雙方皆能同時擁有多名異性伴侶；而古希臘在定義性傾向時，並非以性別，而是以性愛姿勢為基礎，所以當時並沒有同性戀、異性戀與雙性戀的明顯分別。

社會制度與宗教規範主宰了我們的生活方式，並決定什麼樣的性傾向才是正確或正常。

然而，這些制度與規範並不適合所有人，例如：具有排他性且專一的一夫一妻制，套用在一些人身上可以過得幸福美滿，但在另一些人身上卻是悲劇收場。

從古至今的兩性關係模式不斷在改變，不論是討論度高的開放式婚姻、職業出租情人或男女同志，性愛早已不再是難以啟齒的話題。

不過，社會價值觀普遍趨向同質化。很多人希望能找到一個特定類型的固定伴侶，但這就代表對方必須滿足所有的條件，等於要求對方，在擔任好「稱職母親」的同時，還要扮演「有情趣的性伴侶」、「靈魂伴侶」或「職涯導師」。我們總以為，其他人與自己的思考與行為模式如出一轍，且能理解自己的所有情緒。

我們總認為，自己能要求伴侶做所有事，但過多的要求終將

導致一段關係以失敗收場。我們老是希望，伴侶能像兒時的玩伴一樣和自己無所不談，但若性格差異過大，職涯發展相關的話題最好還是算了。

人類圖可以幫你釐清，在一段關係中，**你與伴侶之間有什麼樣的差異是你可以接受的，而哪些是你難以忍受的**。

對某些人生角色的人來說，他們希望盡可能地與伴侶分享一切，並全然專注於一段關係，甚至希望擁有專屬他們的天地，不被任何人事物打擾。

相對地，有些人希望同時能擁有多重關係，並徘徊其中，以獲得快樂與滿足。一個人會發展出什麼樣的關係模式，無論是固定伴侶或多重伴侶，早就寫在基因裡，而這可以從人類圖看得一清二楚。

這本書的目的是，讓你了解自己與他人的基因設計，並能辨識其中的差異。我們總以為他人與自己無異，但這是不正確的見解。當對方的設計與自己完全不同時，可能無法輕易地與對方建立關係。如果想與他人建立關係，卻沒有意識到其中的差異，就會讓建立關係變得相當困難。本書幫你深入認識一個人，而你也會了解到，周遭的社會環境是如何像一件不合身的束身衣緊緊束縛著我們，尤其當我們不符合社會主流規範時，更是覺得如此。只可惜，我們的文化對於尊重每個人的差異性總是漠不關心。

如果要靠人類圖「成為打造自己幸福的鐵匠」，就意味著要為自己的人生負責，也就是不要讓外在權威決定我們的人生，而

是根據自己的類型、人生策略與內在權威來做決定。當每個人根據自己內在權威做出決定時，而自己也能尊重對方的內在權威所做出的決定，那麼雙方便能成為真正的自己，進而建立一段成功的關係，同時能彼此尊重與包容。

本書會揭露各個能量中心、類型、策略與人生角色的差異。當一段關係失敗時，意味著你與伴侶短暫或長時間共同走了一段人生旅程，突然有一方決定選擇轉彎，分道揚鑣。我們無法保證一段感情能天長地久，如果關係失敗，也不別過意不去，這只不過是一種發展與選擇。

希望這本書能幫你脫掉不合身的緊身束衣，讓你在關係中毫無拘束且無罪惡感地享受人生。要麼學會與伴侶相處，不然就是選擇跟伴侶分路而行。

大多時候，要是沒有好好傳達期望，就算你對他人有相當大的期待，對方也無法察覺。不過，有些人卻很容易察覺他人投射出的情感，這會在人生角色的章節中詳細說明。有些人生角色則到了年近五十都還搞不清楚，另一半到底是不是自己的靈魂伴侶。關係中的改變，也是人生的一部分，且不可逆轉。

當對別人的期望落空時，伴隨而來的往往是咎責與對公平的質問。這時候，撇開期望是很重要的，因為期望與人生是兩回事。若試圖改變對方，是不會成功的。唯一的選擇是認識自己，並回到內在權威、重回人生軌道。

在第 1 章「九大能量中心」中，你將了解到，有顏色與空白

的能量中心如何在一段關係中產生作用。先認識自己的設計與他人的設計，再了解人們是如何彼此互相影響。

有顏色的能量中心會影響空白開放的能量中心，這沒有好壞之分。尤其當有一個人心情不好時，另一個人常常不知道到底發生了什麼事。有顏色的能量中心當然不是故意的，但他的設計就是會強迫空白能量中心的人接收，造成情緒的強烈反射。

若你理解這種機制，就能領悟其中的交互作用：可能促進關係發展，也可能阻礙關係；有人會提供正面支持，也有人則會出言恐嚇，可能性有很多種。

了解另一半或知道對方是如何「運作」的，至關重要。認識一個人的基因設計，能使我們更容易維持一段關係，進而學會體諒與尊重。有時，連我們孩子的個性都和自己天差地別，而我們必須尊重他們與自己的差異，才能使他們健康且有自信地成長。要使孩子健康，就要用健康的方式對待他們，其中不僅包含了營養均衡，還有性。

第 2 章的主題是人類圖的四大類型，帶你認識自己與伴侶的類型。

不同的類型具備不同的能力，甚至會有不同的人生目標，而人生策略與內在權威是最重要的部分。這並不是件容易理解的事，可以想像成分工一樣，有人負責領導，有些人負責執行。

然而在關係中，經常會發生角色錯亂的問題，人們常以自己的能力與思維做為出發點，投射在感情中，但我們必須理解與尊

HEART

心｜視野

重他人與自己的差異。本章將幫你釐清，不同類型的人與他人的互動方式。

在接下來的章節中，將針對不同的人生角色進行解說。人生角色指的是，一個人專注於此生要活出的角色、找到生命的意義，並達成人生的使命。

你會了解到，要如何才能過上滿足、平和、成功與驚喜的人生。你也會發現，自己與其他人的人生角色所追求的有什麼差異。有些人需要穩固的基礎，有些人則需要豐富的人脈網絡。

最後一章的主題是「性」，概括描述一個人的性慾表現。你將會了解，一個人的性愛需求並不是終生相同。

當一個人的期望不受外界接受時，也就是不符合社會的期待，便會產生問題。**人們應該遵循自己的基因設計，才能過上沒有罪惡感的人生。**

當我們在一段親密關係中，妥協是經常要面對的課題，尤其出現比親密關係更重要的事，例如：物質生活的保障或孩子的教育方式。

當然，也有人認為，懂得傾聽比性愛重要，或工作比性愛重要，這些都因人而異。

重要的是，要真實活出自己的人生，並接受他人與自己的差異，以擺脫不適合自己的關係對自己的束縛，進而重獲自由。

如何取得你的人類圖？

如何取得你的人類圖？

第一步就是前往亞洲人類圖學院 humandesignasia.org，輸入自己的個人資訊（出生日期、時間、地點）。接著，你會取得一張專屬於你的人類圖。

下頁是人類圖祖師爺拉・烏盧・胡（Ra Uru Hu）的人類圖，其中的資訊包含：類型、人生角色、內在權威、人生策略、開放與定義的能量中心，以及通道、閘門。

亞洲人類圖學院

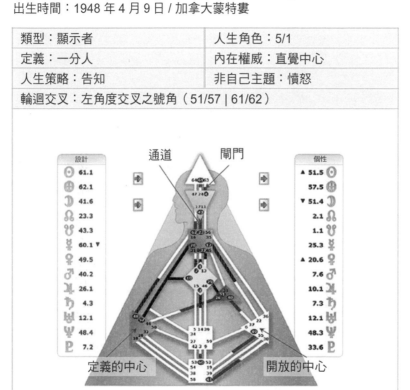

人類圖祖師爺拉・烏盧・胡的人類圖

　　我們會在書中詳加說明人類圖中的部分資訊，包含有顏色的能量中心、類型、人生策略、內在權威及人生角色。

　　只有在需要時，會說明通道及閘門，而輪迴交叉屬於進階的人類圖討論內容，不會在本書中詳加敘述。

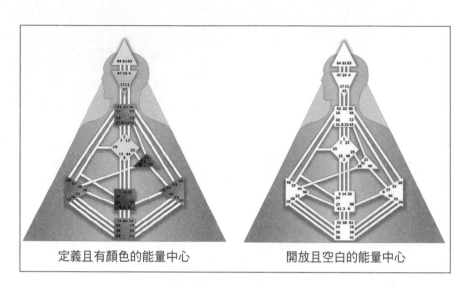

| 定義且有顏色的能量中心 | 開放且空白的能量中心 |

有顏色與空白的能量中心

　　首先，會注意到的資訊是有顏色的區塊，在往後的章節會稱為「定義的能量中心」；而空白的區塊則稱為「開放的能量中心」。

　　定義的能量中心是固定的，會以特定的形式運作，屬於人生中永恆不變的部分，像是穩定且具體的工具箱，協助我們形塑人生。

　　定義的能量中心就像「發射器」，如同廣播電台，會持續發出特定且同樣的「頻率」。而開放的能量中心就像「收音機」，能接收從發射器發出的訊號。所有的外部「頻率」，也就是從他人定義的能量中心所發出的訊號，開放的能量中心都可以感受、接收與放大。由於開放的能量中心沒有固定的運作模式，所以並不可靠。其功能並非恆久不變，也不是隨時都能發揮作用。開放的能量中心會受到定義的能量中心影響，這些可能就是我們不太

熟悉的領域，例如：會激發我們的好奇心或慾望。當遇見能夠定義我們開放中心的人，我們便會受到對方的影響。至於確切會發生什麼事，之後的章節會透過案例說明。

我們與生俱來的基因都已經設定好，會對與自己不同的事物感興趣，這稱作「基因命令」。一個物種能否存活，取決於基因庫中的多樣性。也就是說，我們在人生中所感興趣的事物，多是跟原本基因設定好的不同。這也說明了，**差異性在情感與性慾上能產生化學反應與吸引力。**當我們感到納悶，為什麼另一半的個性與自己如此不同時，答案或許就在基因差異性中。

若一個有開放中心的人遇上一個有定義中心的人，會發生什麼事？這個問題得依不同的能量中心分別回答。更重要的是所身處的環境，因為人會在與他人近距離接觸的情況下，受到外在因素影響。在一段長久的關係中，一個有開放中心的人會受另一個有定義中心的人所釋放出的頻率影響。而有開放中心的人就像一面鏡子，不管在好的方面或壞的方面都會反射。

舉例來說，情緒中心有定義的人會有自己的心情與情緒波動，會將明顯的情緒帶進親密關係與性慾中，而與他相處的另一伴情緒中心若是開放的，就會受他影響。

了解自己與對方定義與開放的能量中心，是在感情中獨立的第一步。藉由人類圖的知識與方法，我們能讓自己不依附他人，而開放中心也會隨著與不同定義中心的人相處逐漸成熟。

無論是正面或負面的情緒，都有可能受他人影響。

🌀 人類圖，愛、關係與性的案例

- 貝特朗的情緒中心是定義的
- 芭芭拉的情緒中心是開放的

　　貝特朗工作順利下班。他今天意外得知自己獲得了一大筆的績效獎金，因此帶了愉悅的心情回到家。

　　芭芭拉度過了忙碌的一天，比貝特朗早回到家。她拖著疲累的身軀，只想與對方共進晚餐，並一起看電視。貝特朗的正面情緒透過芭芭拉的開放中心反射並放大。

　　兩人決定要一起去他們最喜歡的餐廳，慶祝貝特朗的成功。芭芭拉或許會感到有些訝異，因為她並不是情緒起伏很大的人，但跟貝特朗在一起時，卻會因對方而感到世界突然亮了起來，而她也很享受貝特朗所帶來的這種正面能量。

第 1 章

九大能量中心

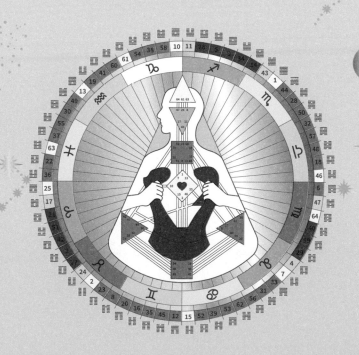

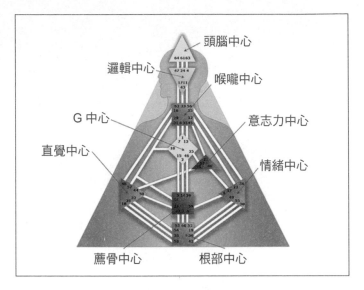

頭腦中心

邏輯中心

喉嚨中心

G 中心

意志力中心

直覺中心

情緒中心

薦骨中心

根部中心

人類圖的九大能量中心

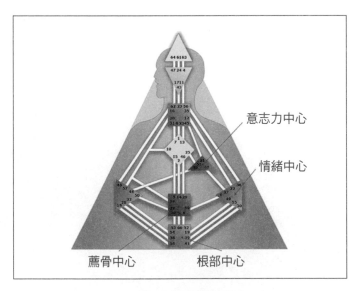

意志力中心

情緒中心

薦骨中心

根部中心

人類圖的四個動力中心

 **人類圖的概念**

所謂「自然狀態」，指的是一個人不在群體中，而是一個人獨處時的自在狀態，這樣才能排除外在的影響。各個能量中心所呈現的，是基因設定下的原始狀態，也就是我們的本性。

受到他人或行星過境的影響時，會改變我們能量中心的自然狀態，結果會出現兩種可能：健康狀態、非自己狀態。

透過與他人互動所產生的自我認識，便是健康狀態。若能依據自己的類型、人生策略與內在權威做出正確的選擇，就能夠擺脫生活中的憤怒、挫敗、苦澀與失望。人生操之在己，唯有做出正確的選擇，才能過上好的生活。

更詳細的內容請見四種類型與人生策略的章節。

若一個人藉由頭腦做決定，定義的中心便會呈現受影響狀態，其中就會參雜許多因素。

人們在學習過程中，可能會將朋友或伴侶視為榜樣。然而，有時仍會拿捏不定，不明白什麼才是正確的決定。此時，人們往往會倚靠人體的「運算部門」，也就是頭腦來做決定，但結果通常不盡理想。

開放中心若是被影響，就會模擬定義中心的運作型態，然後做出錯誤的決定。

情緒中心

 定義的情緒中心

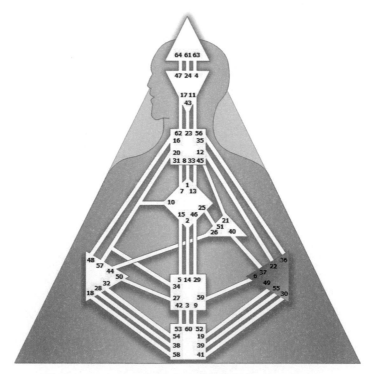

定義的情緒中心

◎ 人類圖，愛、關係與性的案例

- 彼得的情緒中心是有顏色、有定義
- 莎賓娜的情緒中心是空白並且開放

彼得最近交了女朋友，名叫莎賓娜。他很久沒遇到像莎賓娜那樣美好、性感且懂得過生活的人了。除了希望能每天與莎賓娜見面，彼得也很欣賞她那頭及腰的棕色長髮。他的人生很久沒有這種翱翔在雲端的飄然感。然而，連續好幾天都沒能與莎賓娜見面，加上最近發生了與前妻、孩子有關的問題，令彼得煩躁不已。

他認為，或許和莎賓娜見個面，會讓心情好一點。只是沒想到，見面當天，莎賓娜卻頂了一頭俐落且染黑的短髮赴約。

這時，彼得的情緒傾巢而出。他的心情瞬間盪到了谷底，且不敢相信自己的眼睛。他心目中的女友可不是這個樣子的。那頭黑髮使彼得想起了前妻，以及關於她和孩子的壓力。他認為，自己或許該多花點心思在兩個孩子身上。

彼得決定要告訴莎賓娜自己的想法，並認為當下是一個適當的時機點。他告訴莎賓娜，他們並不如自己原本所想的合適，因此不想再繼續這段關係了。

在彼得把話說出口後，莎賓娜嚇傻了，並激動地開始對他破口大罵，說他簡直像孩子一樣任性，想法多變，前一天還是晴天，隔一天就下雷雨。對於莎賓娜的指責，彼得感到相當惱怒，而這更令他深信，他們的確不該在一起。

彼得定義的情緒中心讓他的生活像盪鞦韆般，忽上忽下，永無寧靜之日，這就是情緒波所造成的心情狀態。

　　情緒會在達到高點後，快速墜落，而他的人生就處於這般不斷來回的狀態之中。

　　在情緒波動中做決定，無論情緒高點或低落，絕對是錯誤的選擇。**情緒中心有定義的人應該等到心情平復後，再處理眼前的問題。**

　　這個過程可能很短暫，也可能持續數個月。彼得在情緒低落時做的決定，之後一定會後悔。

　　全世界有近五成的人，情緒中心都有顏色，也就是有定義的。這代表他們擁有明顯的開心與悲傷，並能強烈感覺到希望與絕望、期待與失落。

　　情緒不會持續不變，會隨著情緒波由高至低，最後結束。若情緒中心定義的人，在做決定前，至少先睡個覺，畢竟釐清事實並不是件容易的事。我們的建議是，等待一段時間，讓情緒波結束、心情離開極端狀態（無論高點或低落），之後再做決定。

　　為了能夠平靜地釐清事實，你需要的是耐心。當你對於眼前的抉擇不再感到煩躁時，心情自然會平復。

1-2 開放的情緒中心

◎ 人類圖，愛、關係與性的案例

　　莎賓娜幾週前認識了彼得，並很享受他的情緒渲染力。彼得的情緒總是相當鮮明，且毫不遮掩對於莎賓娜的感覺。莎賓娜有時甚至認為，彼得對她稱讚過頭了。然而，莎賓娜知道，自己真正的感覺是什麼。

　　當她與彼得在一起時，興致總是特別高昂。例如：她從白天就開始期待晚上的約會。髮型設計師建議莎賓娜剪成短髮，而她也對自己的新髮型相當滿意，希望能獲得彼得的幾句美言。

　　當她見到彼得時，感到一切不如往常。那個平常樂觀正面的彼得消失得無影無蹤，他就像是一台被拔掉插頭的機器般毫無生氣。

　　當彼得告訴莎賓娜，他們不適合，因此無法長遠發展時，她崩潰了。她向彼得大吼，說他根本不知道自己要什麼，之後便起身離開餐廳。

　　她站在餐廳門前深深地吸了一口氣，不明白自己剛才怎麼會為了一段錯誤且短暫的關係失控大吼。

　　情緒中心開放的人就像一面反射鏡，基本上是處於「冷靜」的狀態。當受到情緒中心定義的人影響時，就會放大該情緒。

開放的情緒中心會放大他人定義的情緒波，程度可能會強到，令當事人無法保持「冷靜」，且毫無頭緒地瞬間失控。

　　在離開對方的能量場後，他會突然清醒，思考剛才到底發生了什麼事，並迅速恢復冷靜。

　　情緒中心開放的人喜歡正面情緒，因為那是種舒適的狀態，讓他們飄飄然。相對地，他們盡可能想避免負面情緒。請思考這個問題：「我是否常常想要避免衝突或逃避真相嗎？」

　　若答案是肯定的，你開放的情緒中心，接收來自外在影響的時候，你要學會分辨當下的情緒不是自己的，而是受到情緒波所引起的，若你能夠敞開心胸面對爭執、不躲避衝突，是向前邁進的重要一步。

　　定義的情緒中心決定了性慾的刺激與性致。依據一個人的情緒波，會呈現不同程度的慾望與動力。

　　情緒中心開放的人，會受他人的性致程度影響，**但這與兩人的關係好壞沒有關聯，只取決於當下情緒波的狀況。**

　　對於有沒有性致的問題，無須追究，因為性致本來就無法在生活中長久持續。這只是人體中化學反應的結果，接受就好。

　　社會總是讓我們產生一種幻覺，希望人永遠保持正向、永遠充滿性致。然而，這會讓許多人備感壓力，因此在面對性時，採取錯誤的態度。

　　許多關係問題或感情危機都是從誤解開始，而結果論導向的問題尤其棘手，例如：「他對我沒有性趣嗎？」「他不愛我了嗎？」這都會使一段關係由快樂轉向悲傷。若能夠了解自己與他人的情緒定義原則，或許就不會有如此多的問題產生了。

比較定義與開放的情緒中心

	定義的	開放的
自然狀態	• 世界有時是粉紅色的,有時是暗灰色的。 • 若同時觀察情緒高點與低潮,差異會非常明顯。 • 無法立刻做出決定。	• 情緒穩定,或是看起來很「冷靜」。
健康狀態	• 能夠感覺自己體內化學反應所引發的情緒高點與低落,即情緒波。 • 生活中充滿熱情、緊張與活力。 • 擁有自主性慾。 • 性致一致,不受情緒波影響。 • 有耐心,並能沉著面對情緒波。	• 能夠意識到,自己的情緒常受外在影響。 • 沒有固定的情緒波動。 • 即使不知道來源,所有的情緒起伏仍是可以理解的。 • 享受來自於外在的喜悅。 • 對沒興趣的事無法產生同理心。 • 透過裝「酷」使自己不受外在因素影響。 • 面對他人時,能不受到對方情緒的影響。
非自己狀態	• 情緒變化有很重要的意義。 • 能意識到自己的情緒波。 • 無論位於情緒高潮或低潮,都會依據當下的情緒做抉擇。 • 希望遠離情緒低潮,並希望能處於高潮狀態。 • 為性致的有無尋找外在因素,並無法依照內在情緒改變行為。 • 極沒耐性,且隨性做選擇,不等心情恢復平靜。	• 接收並放大他人的情緒波動。 • 對於他人的情緒感到有責任。 • 試圖避免衝突。 • 相較於面對真相,寧願接受他人的負面情緒。 • 面對他人時,會受到對方的影響,且會過度反應。 • 透過傷害自己與他人,以逃避關係。 • 為自己對性事失去性致感到愧疚,並認為自己對他人的性致有責任。

02

薦骨中心

2-1 定義的薦骨中心

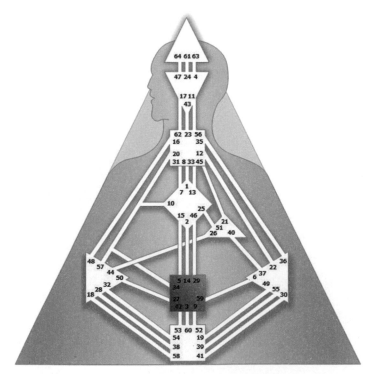

定義的薦骨中心

☯ 人類圖，愛、關係與性的案例

- 貝雅特的薦骨中心是有定義的（類型為生產者或顯示生產者）
- 漢斯彼得的薦骨中心是開放的（類型可能為反映者、顯示者或投射者）

今天是貝雅特的 20 歲生日。儘管她漂亮又性感，卻不曾談過戀愛。她是一名新生兒中心的護理師，因此邀請了中心的醫師們參加生日派對。

漢斯彼得是一名年輕的實習醫師，身高略矮於貝雅特，留著八字鬍。但貝雅特非常不喜歡八字鬍，不過漢斯彼得是中心成員，所以也受邀了。當一輛奧迪 TT Coupé 在派對現場停下來時，貝雅特看得入迷，因為那是她心目中的夢幻車款，剛好是漢斯彼得的車。之後貝雅特的朋友告訴她，漢斯彼得住在高級別墅區，他的父母都是外科醫師，家裡非常有錢。

事實上，漢斯彼得追求貝雅特好一陣子了，但女方總是毫不猶豫地拒絕。貝雅特隨後向朋友說：「說不定我媽說得對，愛與美都會消逝，只有金錢會留下。」

這天晚上，貝雅特首次向漢斯彼得做出回應，而漢斯彼得被迷昏頭了，不斷誇讚貝雅特，並邀請她在週末一起乘船出遊。

然而從一開始，貝雅特的感覺就不對，覺得這段關係很不單純。當漢斯彼得和她發生性關係時，貝雅特總是迫使自己接受，並假裝高潮。對她來說，毫無樂趣可言。她在腦中所認為真正充滿情趣的性愛是，跟從前的青梅竹馬桑德羅。

然而，無視於生理與心理的抗拒，貝雅特不僅持續了這段關係，還決定與漢斯彼得步入婚姻。儘管她毫不快樂，但至少要什麼就有什麼。問題在於，漢斯彼得的性慾相當旺盛。在終於懷孕後，貝雅特向漢斯彼得說：「你真想上床，就去找其他女人吧。」

　　之後，漢斯彼得不再強迫她，而她也將注意力完全轉移到孩子身上。雖然如此，貝雅特仍非常需要漢斯彼得所給予的安全感，因此也不敢拋棄這段婚姻。之後，她發現丈夫真的外遇了，便徹底感到絕望。貝雅特向朋友訴苦與抱怨，但對方只是無情地回答：「妳想跟一個有錢的男人在一起，而妳也懷了他的孩子；妳還要他去找別的女人上床，他也照做了。結果還不滿意？所以妳到底想要什麼？」

　　貝雅特知道，她的朋友說得沒錯。讓她和漢斯彼得在一起的動力，從一開始就不是愛情。顯然，對於母親所說的話，貝雅特親身體驗到的是徹底的絕望。因為愛與美都消逝了，她卻還困在婚姻裡。

　　定義的薦骨中心是工作的驅動引擎，是人類圖中最有動力的中心。當這個部分啟動後，生產力、活動力及部分的性慾都來自於此，就像是一台發電機。這部人體內的發電機會被外在因素啟動，就像瞬間通了電一樣。

　　對於喜歡喝咖啡的人，若有人問他：「你喜歡喝咖啡嗎？」這句話就像幫他插上了插頭，薦骨會自動發出「嗯哼」（表示肯

定）的回應*；對於一個喜歡吃希臘料理的人，若聽到有人問他：「你喜歡吃希臘料理嗎？」薦骨也會馬上自動發出「嗯哼」的回應。以此類推，其他關於感情與性愛的問題也會產生同樣的效果，例如：「你要跟我在一起嗎？」「你願意嫁給我嗎？」「我們要上床嗎？」薦骨中心不會以言語給出明確的正反面答案，而是一種當下的感受，會像引擎般瞬間發動。

　　無論面對何種問題，薦骨發出的「嗯哼」（表示「對，我喜歡」）提供了一種能量動力，而這種動力會激發你，並使你積極與主動。

　　相反地，若薦骨發出「呃……」（表示否定）的回應，則表示無感或沒興趣。在前述案例裡，貝雅特沒有聽從薦骨一開始發出「呃……」的回應，硬是和漢斯彼得在一起。所以在這段關係中，她才會陷入毫無興致與動力的挫敗，而這種挫折感，就是做出與薦骨回應相反決定的結果。當然，就算聽從薦骨發出的「嗯哼」的回應，也可能會有不順的時候，只是不會產生挫折感，而會虛心接受。這種內在回應在薦骨中心定義的人身上尤其常見，而仔細聆聽並留意自己的薦骨回應是可以訓練的。願意聽從薦骨回應的人，可能擁有比較滿意的人生，而這種滿足，就是源自於薦骨發出「嗯哼」的回應，隨之產生的積極動力。

　　隨著練習觀察薦骨回應的時間，你會越來越了解自己。雖然

---

* 每個人和每種文化所產生的薦骨聲音可能不盡相同，但這些聲音都很簡單，也很容易辨別。

你不能反問自己，但生活中有許多觀察自己薦骨回應的機會，像是與他人的對話、報章雜誌上的文章，以及周遭的環境。例如：你在超市，想買大黃瓜煮濃湯當作晚餐，但大黃瓜卻賣完了。你再逛了逛，看見架上的南瓜。即使薦骨發出「嗯哼」的回應，你若無動於衷，那晚餐就會沒有湯可以喝。

另一個例子是，你想去上進修課程好一段時間了，只是遲遲找不到有興趣的課程，也就是得不到薦骨肯定的回應。有一天，你在地鐵上讀報，看到一則課程廣告的標題「設計你的人生」。內在有股動力告訴你，這就是你所要的，所以你恨不得馬上拿起手機打電話報名。

在引擎啟動後，薦骨能量會瞬間流通全身，因此你會感到一切是如此理所當然。全世界有近七成的人都能感受薦骨能量的動力，而當這種機制啟動後，薦骨人（包含大人與小孩）都必須不斷行動，才能心滿意足地上床睡覺。你必須持續行動到引擎運作的動力耗盡，否則便會輾轉難眠。

2-2 開放的薦骨中心

⑨ 人類圖，愛、關係與性的案例

- 貝雅特的薦骨中心是定義的
- 漢斯彼得的薦骨中心是開放的

對漢斯彼得來說，性愛是人生中除了金錢以外最重要的事，因為他能從性愛中獲得滿足感。在工作上認識貝雅特後，他就興起了追捕獵物的感覺，而對方一頭紅髮所散發出的女人味，就是他所渴望的。

當貝雅特邀請漢斯彼得參加生日派對時，他知道，自己已贏得了對方的芳心。自從他們在一起後，漢斯彼得就對貝雅特有難以壓抑的性慾。由於貝雅特很少高潮，他因此必須變出更多把戲，以展現自己的性愛能力，而這種肯定也是他所需要的。他性慾旺盛，並希望能在貝雅特身上獲得所有的歡愉。然而，現實總是不如想像。

兩人在愛情長跑一陣子後，決定步入婚姻，而貝雅特也很快就懷孕了。在一次爭吵中，貝雅特向漢斯彼得說，他應該要另找他人來滿足那源源不絕的性慾。對漢斯彼得而言，這話就是他渴望已久的授權書。無論他在什麼地方，例如高爾夫球場或夜店，總是有各式各樣的女人主動投懷送抱。只要他願意，他就能與她們發生關係。這些女人完全沒有貝雅特的問題，所以漢斯彼得能夠正常地與他們上床。當孩子滿兩歲後，便擁有了自己的房間，因此他們能夠再度有正常的性生活。漢斯彼得用盡一切方法要求貝雅特與他發生

關係，甚至威脅，如果他們的婚姻沒有性愛，就要離婚。婚前協議中寫明了，若兩人離婚，貝雅特分不到任何一毛錢，所以就自己與孩子的監護權而言，漢斯彼得都是有利的一方。他一點也不考慮沒有性生活的婚姻，即使是對與貝雅特上床的性致也不如以往。

對於漢斯彼得的施壓，貝雅特感到很懊惱，而這只會使得她更缺乏性致。一段時間過後，漢斯彼得決定要與她分房。其實雙方都想離婚，但就是放不下孩子。

於是他們尋求人類圖的諮詢建議，意識到，這段關係從一開始就用不正確的方式展開，兩人都是透過頭腦的理智為自己做決定。他們的基因設計天差地遠，這才發現，彼此開放與定義的中心所帶來的影響是如此巨大。透過了解彼此的人類圖，他們學會了尊重、包容與理解，卻也明白，這段關係無法帶來幸福。因此決定發展成開放式關係，並將計就計，直到孩子成年為止。

對薦骨中心開放的人而言，性愛的慾望只能透過薦骨中心有顏色的對象，或行星過境時的特定時刻，獲得滿足。

在前述案例中，貝雅特的薦骨中心顯然沒回應，這種情況對於薦骨中心空白的人來說，就會出現性功能障礙。然而，飯店或夜店裡的人潮很多，身處在這類的封閉場所中，性功能障礙的問題就不會存在，因為在飯店或夜店中約有七成的人薦骨中心是定義的。**若與他人的距離在 6 公尺以內（即能量場的範圍）***，定

義的薦骨中心就會對薦骨中心空白的人產生影響。

薦骨中心開放（空白）的人，沒有源源不絕的能量，需要充足的休息來恢復體力，也沒有可靠的薦骨回應。這些人需要學習如何工作，這裡所謂的工作，並非日復一日的例行公事。如此一來，他們才有機會能夠明白，自己的薦骨能量受到外在環境所影響，而不是自身所擁有的，也無法持久。靠近其他人與妥善運用時間也能提供動力能量，**因此就算感到精力充沛，仍需要有所節制**。原因在於，可能有很大一部分的能量來自於外在環境，讓你過勞而不自知。

舉例來說，當我們和他人一同狂歡時，便受到了外在能量的影響，因此會覺得自己精力充沛，卻在回家後感到精疲力盡。這是因為，先前的能量都是外界所給予的。外來能量危險的地方在於，**我們可能會被這種借來的能量奴役，並用這股能量來打造自己的人生**。有時，薦骨中心空白的人會誤以為，外在環境奪走了自己的能量，因為每次回到家後，他們都感到精疲力盡，其實這是天大的誤解。

若將能量與電流相比，**薦骨中心的能量便是一股強大的電流，而薦骨中心空白的能量便是弱電流**。開放的薦骨中心會接收外在薦骨的震動能量，並放大這些能量。如此一來，就會產生一種自己精力充沛、能夠徹夜狂歡的錯覺。一旦借來的能量抽離了自己的能量場，薦骨中心的能量就會消失或所剩無幾。

---

*　一個人的能量場範圍是手臂伸長乘以二，畫一個圓圈。

薦骨中心開放的人熱中於行動，這是因為在與人相處的過程中，他們常接收到薦骨中心定義的能量，就算自己精疲力竭，他們也不懂得適可而止。他們不明白，開放的薦骨中心無法應付日復一日的工作，他們必須學會將工作交給能量充沛的人完成。與他人在一起時，他們甚至不會意識到，自己的體力已經不堪負荷，直到獨自回家後，才會產生精力瞬間耗竭的感覺。他們很容易過勞，也會忽視自己體力的恢復狀態。中世紀德國文藝復興時的瑞士醫生、煉金術士和占星師帕拉塞爾蘇斯（Paracelsus）曾說：「所有物質都是毒物，劑量決定毒性。」這些人一定要學會正確地與外在能量共處，並善待自己。

對於薦骨中心開放的人來說，重要的問題是：「我是否知道何時該適可而止？」

 ## 2-3 開放的薦骨中心與感情

薦骨中心也涉及性慾和性別認同的主題，跟建立關係的策略也有關。在此，你可以了解適合每個人的關係與性慾模式，並拋開刻板印象和社會規範，認識真實的自我，以及明白與他人相遇的意義。

薦骨中心定義的人，對待性愛有特定的形式；薦骨中心開放的人則會接收一切，也就是說，他們的性愛形式會受到伴侶的牽制。而薦骨中心開放的人，有可能清心寡慾，也可能是縱慾過度。

比較定義與開放的薦骨中心

	定義的	開放的
自然狀態	• 充滿能量。 • 等待外界提供能激發生產與創造的助力。 • 滿意已完成的工作。	• 缺乏自己持久的生產力與創造力。
健康狀態	• 透過肯定的回應激發生產與創造力。 • 一旦能量被激發,便能夠展現毅力。 • 告訴自己,外界會提供源源不斷的助力。 • 性愛形式固定。 • 耐心是成功的關鍵。	• 能夠察覺定義中心的生產力,避免過度涉入,不然很容易工作過度,而成為他人的奴隸。 • 被他人的活力影響,並知道其何時會消逝。 • 性愛形式多元、不固定。
非自己狀態	• 即使不知道自己有沒有動力,仍舊埋頭苦幹。 • 因沒有能量可供轉換,使工作進行不順,因而感到挫敗。 • 以耐心堅持自認為該做的事,但因為沒有動力而產生挫折。 • 因沒有聽從身體的回應,而無法擁有滿意的性愛。	• 使自己成為他人的奴隸,且工作程度遠超過薦骨中心定義的人。 • 過勞且筋疲力盡。 • 誤認為他人的性愛能量是自己的。 • 傾向強迫自己,無法表達拒絕,尤其當受到定義的薦骨中心影響時。 • 透過他人的性愛形式來認識自己。

03 -

直覺中心

3-1 ▶ 定義的直覺中心

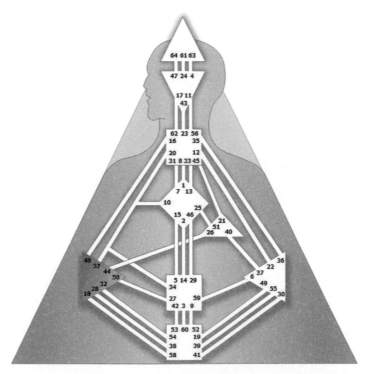

定義的直覺中心

💧 人類圖，愛、關係與性的案例

・克里斯的直覺中心是定義的

克里斯始終認為自己很健康，且容光煥發。其他人很喜歡與他相處，並受他所散發出的能量渲染。他自己常說：「有些事我早就知道了，卻總在事後才後悔，就是沒有聽從敏銳的直覺。」

克里斯認識了一名女性，而對方也對他有好感，兩人因此在一個潮溼的夜晚發生了關係。但當時身體的直覺告訴克里斯，不可以這麼做，甚至每個細胞都想制止他。然而，在酒精的催化下，他忽略了身體的感受。

兩週後，克里斯的尿道發炎了，而泌尿科醫師診斷出他得了淋病。克里斯唯一能做的，就是在事後懊惱地說：「早知道我該拒絕了。」每次只要他忽略身體所發出的微弱警告，就會有嚴重的後果。

直覺中心掌管我們的本能、直覺與味覺，讓我們察覺當下對身體而言，什麼是健康的，什麼是不健康的，時時刻刻保持警覺，提醒我們周遭是否出現危險。

病毒與細菌的入侵會威脅到我們的健康，而在面對病毒時，人體細胞會做出重要的判斷：「沒事，這是我的一部分」或「離開，這不是我的一部分」。**也就是說，直覺中心會在瞬間或短時間內**

做出**攸關生存的決定**。這是短暫、微弱且不會重複的直覺反應，也跟免疫系統有關，攸關身體健康與舒適度。

直覺中心定義的人，擁有值得信賴的身體直覺，能透過內在本能警告自己，對身體而言什麼是好的，不會讓他人及環境侵入。直覺中心負責處理恐懼，不僅是一種保護機制，也確保了最理想的生存可能。例如：當我們聞到瓦斯外洩的味道時，人的直覺反應就是趕緊離開。直覺中心是代表遍布全身的警覺系統，但由於釋放出的警報非常微弱，可能會在頭腦主導的情況下遭到忽略。直覺中心的警訊只會發出一次，不會重複，因此對某些人而言，要憑直覺當機立斷並不容易。

旁人或許很難理解，為什麼有些人會突然不吃以前最愛的食物。然而，有時人就是有這種直覺，並覺得「這樣應該比較好」。

與直覺中心定義的人相處時，**若對方是健康的狀態，身邊的人也會感到自在與舒適，並產生信任感**。在親密關係中往往會發生，直覺中心定義的伴侶制約對方的情形，**並認為「只有我能給你安全感」、「你沒辦法靠自己」或「你就是需要我」**。

這裡所提到的直覺，是生活中做決定時重要的訊息，比起靠頭腦的理智，聽從直覺的建議，會有更好的結果。頭腦負責邏輯分析，權衡利弊，過程會花上一些時間，等到頭腦做完判斷，情況可能早已瞬息萬變了。例如：有一輛車從對向車道疾駛而來，在即將撞上時，為了避免受傷，人的下意識反應往往是迅速閃開。若能善用此保護機制，便能大幅降低災難的發生。

3-2 ▶ 開放的直覺中心

◔ 人類圖，愛、關係與性的案例

- 碧安卡的直覺中心是開放的
- 康拉德的直覺中心是定義的

碧安卡和康德拉已經結婚將近二十年。在這段感情中，碧安卡從一開始就感到相當自在。只要康德拉在身邊，她就能獲得充分的幸福感。然而，康德拉沒做什麼特別的事，也沒有真正為這段感情付出心力，彷彿只要出現就夠了。不過，碧安卡偶爾仍會向朋友抱怨，說康拉德對她不理不睬，有時甚至連正眼也不瞧她一眼。他們的兩個兒子已經漸漸長大，老大接手爺爺的農務工作，並決定要當個農夫。

碧安卡在一間小型貿易公司做兼職的銷售人員，剩餘的時間完全被丈夫與兒子占滿，全視他們所需所想。無論煮飯、洗衣或打掃，她都樂意付出。之後，她公司的主管換人了，給她的工作量和在家裡一樣多，所以她很快就工作倦怠。由於她開始會發抖與結巴，碧安卡只能尋求醫師的協助，她發現自己再也無法負荷工作壓力了。

碧安卡的家人只是等著她早日康復後，希望她能繼續照料他們。她在療養期間意識到，自己不能再這樣下去，需要把時間留給自己與朋友。在與康拉德的感情中，碧安卡一直扮演著服侍的角色，且得不到半點關愛與肯定。然而，她仍持續地享受待在對方身

旁的感覺，所以療養結束後，情況比過去更糟。碧安卡依舊繼續服侍康拉德，也沒有與朋友見面。因為只要能在對方身旁，她就心滿意足，願意隨時為他服務。

由於碧安卡不覺得自己獲得任何改善，因此中斷了心理諮商。她的朋友完全摸不著頭緒，不明白到底發生了什麼事，所以問了她情況。她只是説：「你們不懂啦，他們需要我，而且被需要的感覺也不錯啊。」碧安卡換了一份新的工作，希望能藉此區隔開與家人互動的時間，卻無濟於事。沒工作時，她幾乎都在兒子的農場幫忙，因為康拉德也在那，讓她感到安心。康拉德總有無數的點子想實現，而碧安卡也總是希望能參一腳，即使再累也一樣。

在一位同事的建議下，碧安卡再度接受人類圖的諮商，因此認知到，自己所感受到的舒適感全來自於康拉德。康拉德的直覺中心是定義的，為了能獲得自在的幸福感，碧安卡過去為對方做牛做馬，但這並不健康。她開始學習接觸大自然，並感受大自然所帶來的舒適。這連帶影響了兩個人的相處情形，因為碧安卡已經學會不依賴丈夫，而是透過接近大自然與動物來獲得安全感。她跳脫制約，並開始思考，這段感情到底是不是真的適合她。

直覺中心空白的人通常很難在獨處時感到自在，總是處於緊張與謹慎的狀態。然而，在與直覺中心定義的人相處時，安全感會隨之而來。這往往會發展成一段不健康的依賴關係，如同碧安卡的案例。因為康拉德能為碧安卡帶來安全感，她便願意為對方

做牛做馬。就算關係不斷惡化，她也可以忍受，只因為別人可以為她帶來的安全感。然而，這種安全感與實際發生的情境無關，只是身體自動產生的「機制」。當一個直覺中心開放的人與另一個直覺中心定義的人相處時，直覺中心開放的人會接收到對方釋放出安全感的振動頻率，也會接收到不安的感覺。

對直覺中心開放的人來說，身體意識的生存本能、直覺與味覺，沒有可靠的運作機制，而直覺中心定義的人或動物能夠解決這個問題。有時，**飼養新的貓狗寵物，能讓自己的安全感帶來全新的體驗**。重要的是，可以透過親近大自然找回安全感，例如：森林對於直覺中心開放的人而言，是相當理想的地方，因為森林就是地球最大的直覺中心。

對直覺中心開放的人來說，最重要的是讓開放的直覺中心發揮真正的敏銳度，凡事盡善盡美，如同《碗豆公主》（*Die Prinzessin auf der Erbse*），讓生活過得有意義。**他們缺乏安全感，也很敏感，能察覺所有事物，卻無法分辨，什麼才是對自己有益的，因此需要加倍謹慎。**直覺中心開放的人最好不要隨興行事，時時保持警覺與小心謹慎相當重要，舒適安全的家，會讓他們有安頓下來的安心感。

若身邊出現充滿恐懼的人，必須了解恐懼感並非源自於自己，而是來自於他人，藉此讓自己冷靜下來。否則，受到周遭他人的影響，很有可能導致恐慌症無故發作。

直覺中心開放的小孩通常比較依賴父母，而且不願意與父母分開，因為分離會令小孩感到不安。在這種情況下，寵物就能發

揮很好的作用。

　　直覺中心開放的醫師比較能夠對病患感同身受，藉以判斷病患是否立即需要接受治療。對於病患而言，這種敏銳度提供了絕佳的診療過程。由於醫師受過專業的醫學訓練，能夠區分自己的問題與受他人影響的問題。

　　自我感覺良好，不代表身體就是處於健康的狀態，因為這種安全感可能來自於他人。請多留意自己的免疫系統，別讓自己過勞。

　　生病時，讓身體康復就是重要的課題，例如：感冒最好待在家休息。治療過程也是學習的機會，讓身體會藉此學習對抗病原體。直覺中心定義的人，若從小讓身體學習自癒，長大後便會比一般人健康。相對地，直覺中心開放的人需要在感冒時補充所需的營養素，但這不表示他們不需要正規的醫療診斷。

　　謹慎總是好的，才不會受直覺中心定義的人影響。人都會受到外在事物的影響，尤其對直覺中心開放的人更為明顯。在感情中，**直覺中心定義的人總是比直覺中心開放的人獨立，而直覺中心開放的人因此容易對他人產生依賴，讓自己被制約。**

　　只有互相吸引的人能在性事上契合，由於性事也與生育和基因多樣性有關，直覺中心扮演了重要的角色。當關係生變，對彼此不再有吸引力，這代表了改變的契機，此時若執意繼續留在這段感情中是不健康的。

　　請學會認識自己的健康狀態與安全感，並拿回對於自己的掌控權。謹慎，就是對自己最好的保護。問問自己，對自己不好的人事物，你是否還依舊緊抓不放，如果是，你知道接下來該怎麼做了嗎？

比較定義與開放的直覺中心

	定義的	開放的
自然狀態	• 自在程度與身體健康相關。	• 自在程度與環境相關（如人、動物、植物、能量轉換）。 • 具高敏感度。
健康狀態	• 免疫系統以基因設定的方式運作。 • 身體健康與對待身體的謹慎程度有關。 • 此中心的恐懼是生存的安全機制。 • 在健康狀態下，能在感情中為他人提供安全感。	• 能接受身體反復無常的感受狀態。 • 健康狀況會受到環境與他人影響。 • 可能產生沒來由的恐慌。 • 因他人的定義感到安適，但不產生依賴，也不使自己受到制約。 • 不隨興作為。
非自己狀態	• 因大意而產生預料之外的健康問題。 • 忽視免疫系統狀況，使生命受到威脅。 • 利用自身的定義制約直覺中心空白的人。	• 無法好好放下對自己有害的人事物。 • 使自己產生依賴並受到直覺中心定義的制約。 • 總是隨興作為。 • 受他人的恐慌影響，並做出對健康不利的決定。

意志力中心

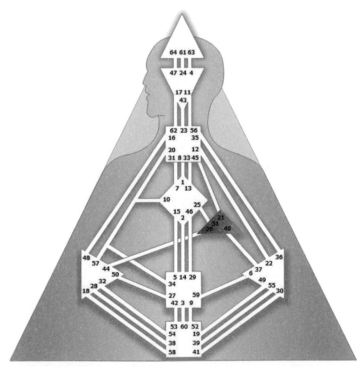

定義的意志力中心

🌀 人類圖，愛、關係與性的案例

• 亞歷姍卓的意志力中心是定義的
• 派翠莎的意志力中心是開放的，因此難以遵守給出的承諾

「我想要這個……我想要那個……」亞歷姍卓總是這麼說。派翠莎向她的朋友們傾訴：「我真的覺得很煩，她永遠無法對於我們所做的、所擁有的感到滿足。亞歷姍卓最近又想裝潢房子，說是為了生活品質，但我們明明才剛裝潢過廚房。這讓我覺得，好像有永遠做不完的清理與打掃工作。」

「那她還是跟以前一樣愛吃醋嗎？」佩特拉問，並翻了個大白眼。

「對啊，就連我去參加瑜伽之旅，她都要問細節，想知道我們在哪裡、做了什麼、遇見了誰。」

「對了，如果我沒有記錯，」佩特拉轉換話題：「演唱會是在週四，也就是後天。我已經買好票了，我們之前說好了。」

「喔對，太好了，我已經開始期待了。終於可以出門透透氣，剛好又遇到這個樂團的表演。」

當亞歷姍卓傍晚回到家後，派翠莎馬上告訴她週四演唱會的事，而亞歷姍卓回答：「妳在開玩笑嗎？週四要去看演唱會？我當天有一個重要的會議，原本還期待我們可以一起吃個晚餐、放鬆一下。」

「拜託啦，亞歷姍卓，我真的很想去。」

「我覺得，妳完全沒有遵守承諾。每當我需要妳時，妳永遠不在。妳只做兼職的工作、享受我賺的錢。妳已經有很多別人沒有的東西了。」

談話結束後，派翠莎決定打電話跟佩特拉取消當天的約會。她對於亞歷姍卓的反應感到氣憤，卻無法反駁確實做出過的承諾。佩特拉不僅對無法和派翠莎一起看演唱會感到失望，也對她感到失望。因為派翠莎永遠無法堅持自己的意願，過好自己的人生。

在親密關係中，定義的意志力（亞歷姍卓）可能代表了強烈的占有慾與忌妒心，而婚姻或感情中的承諾代表了明確的事項或實質的協議。這種期望在感情中可能涉及各式各樣的領域與主題，例如：希望至少能生兩個孩子、重視身分地位、薪水多寡與工作勤奮等，無論如何都要比其他人更快成功。此外，性生活也是需要兩個人達成協議。

意志力中心定義的人擁有強烈且明顯的意志力，能驅使他們前進。這些人不僅想向他人證明自己的能力，也想自我證明。這種績效導向的壓力也會施加於他人，**也就是說，他們希望做得還要更多、更快、更好**。因此，意志力中心開放的人會接收這些能量，並放大，而這就是所有人要面臨的課題。

若薦骨中心是一顆大的驅動引擎，那麼意志力中心就是小顆的驅動引擎。後者是為了實現特殊、困難與高壓的目標所設計，

並需要定期在工作完成後充分休息。此中心定義的人，會散發出沉穩與自信的能量場。由於意志力中心跟自我價值、競爭力與個人意志有關，因此會把同樣的高標準強加在他人身上。在前述關於「我想要⋯⋯」的課題中，這種陳述方式清楚地表達了個人意志及所想獲得的事物。

意志力中心定義的人，全世界只占不到三分之一，這代表多數人都會受到績效導向的施壓。**若沒有遵守共同達成的協議，意志力中心定義的人則會非常生氣。**

由此可見，不該把大部分的事說死。意志力中心定義的人甚至在性方面也有績效導向，並不斷地想證明自己的能力，因此這個部分也會是感情課題。

4-2 ▶ 開放的意志力中心

- 亞歷姍卓的意志力中心是定義的
- 派翠莎的意志力中心是開放的

　　打從一開始，派翠莎就覺得積極、有活力的亞歷姍卓很有魅力，而她相反地，總是無法遵守自己給出的承諾。只要有亞歷姍卓在身邊，她就能感到自信，並覺得有所依靠。她們說好，亞歷姍卓負責賺錢，而派翠莎負責家務、安排活動與分擔壓力。

　　亞歷姍卓堅持，派翠莎要在下班時間陪伴她。由於亞歷姍卓都是在傍晚 7：00 準時回到家，所以對於派翠莎而言時間規劃並非難事。每當亞歷姍卓回到家，門口已擺好她慣穿的拖鞋，而晚餐也已上桌。對於亞歷姍卓而言，這段傍晚的時間相當珍貴，因為兩個人可以喝著飲料，互相分享一天中所發生的事，藉此獲得放鬆。

　　某天傍晚，派翠莎發燒了，因此無法打理好家中的大小事。由於她該做的事都沒做好，有了不好的預感。當亞歷姍卓回到家後，發現晚餐不僅沒煮好，還找不到拖鞋。派翠莎聽到亞歷姍卓從門口呼叫她，派翠莎心中的罪惡感油然而生。每當做好亞歷姍卓所期望的事，她就會有這種感受。

　　派翠莎覺得，既然她們已經對分工達成協議，就該盡力遵守。這種心中的不快不只是因為生病發燒，也是因為自己無法遵守承諾，以至於亞歷姍卓經常抱怨：「我們明明已經說好了，妳卻做不到。在家裡煮飯跟多關心我一點，有這麼難嗎？」

　　有一次，派翠莎實在受不了了，因此大聲說：「妳要我同時扮演母親、女友與幫傭的角色，對不起，我做不到。」她不斷嘗試遵守自己給出的承諾，但不知道為什麼，就是做不到。

　　意志力中心空白的人不該在感情中給予過多的承諾，因為很容易造成無法遵守的狀況。**意志力中心是一顆引擎，若裡頭沒有能量，便沒有能力完成承諾的事，所以連「我試試看」與「我盡力而為」這類的言語都有同等的分量。**意志力中心定義的人會不斷向他人提出要求，且無法理解，為什麼其他人無法像自己一樣遵守承諾。因此，將他人的想法納入考量，但不輕易給出承諾是很重要的。如此一來，生活才不會過度緊張。

　　意志力中心空白的人若做出承諾，往往事後都無法遵守，因此會產生罪惡感。在女性身上常見的例子是瘦身、節食及承諾丈夫要當一個稱職的母親；而男性的例子往往在證明自身的能力，如運動、汽車與機車。由於意志力中心是開放的，往往下定決心的事會不了了之。然而，意志力中心定義的人卻無法了解，為什麼有人立定目標，卻無力達成。雖然意志力中心空白的人會不斷

嘗試要朝目標邁進，但能否達成是另一回事。因此，對意志力中心空白的人而言，每天都是一次新的挑戰。

意志力中心空白的人必須了解，自己沒有義務要達成他人所期許更多、更快與更好的目標，應該把注意力放回自身價值與所追求的事物上，**因為自我價值不該建立在向他人證明之上**。意志力中心定義的人形塑了社會績效導向的期許，因此要讓自己置身事外並不容易，但不斷嘗試向他人證明自己的能力也不是健康的方式。

意志力中心空白的人請捫心自問，自己是不是太在意他人對自己的看法了？

比較定義與開放的意志力中心

	定義的	開放的
自然狀態	• 隨時擁有堅定的意志力。	• 對於他人的意志與情感相當敏銳。
健康狀態	• 對於自我價值有自然的感受。 • 能自行設定目標並達成。 • 能給他人承諾並達成。 • 需要實質的安全感。 • 正常的物質占有慾。 • 定期為自己安排休息。 • 能在感情中遵守協議。	• 不需要承諾與證明自己。 • 需要透過學習認識成效與檢視目標完成度。 • 明白正確與健康的消費方式。 • 喜愛消費。 • 不喜歡為感情給予承諾。 • 需要懂得表達「我盡力而為」與「我會試試看」。
非自己狀態	• 高估自身能力而被排擠,且措辭令人感到自私,並具有侵略性。 • 在感情中較強勢,且會強迫他人順從自己的意志。 • 要求他人遵守所給出的承諾。	• 低自尊。 • 給出自己無法遵守的承諾,進而使自尊心日漸低落。 • 因缺乏自信,而試圖證明自我價值,以恢復信心。 • 無法在感情中遵守承諾,因此感到沮喪、傷心、生氣與失望。

05 --

G 中心

 5-1 ▶ 定義的 G 中心

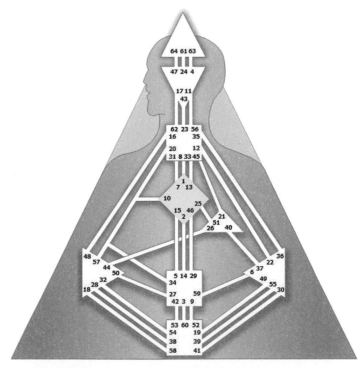

定義的 G 中心

🔅 人類圖，愛、關係與性的案例

- 亞絲特麗的 G 中心是定義的
- 康拉德的 G 中心是空白的

在康拉德認識亞絲特麗時，他的人生哲學就是積極與努力，尤其是在工作上。對於運動、健康與度假，康拉德絲毫不感興趣。此外，他還是個老菸槍，且偏好住在市中心，因為距離公司很近。

相較之下，亞絲特麗是一個非常外向的女人，興趣是潛水、攀岩與馬術。此外，她是個素食主義者，也希望住在鄉下。儘管他們兩人個性迥異，還是彼此相愛。

不久之後，亞絲特麗定義的 G 中心便開始影響康拉德的開放G 中心。她會向康拉德說：「你要一起去攀岩嗎？」「我想搬去鄉下」、「我比較想這樣」，而康拉德都妥協了。

因為開放的 G 中心和為了愛的緣故，打從一開始康拉德就被亞絲特麗說服，不僅一起開始運動，還去攀岩。當他意識到，自己的肺活量不好時，便戒除了抽菸的習慣。他希望藉此找到自己心中的愛、方向與認同。

亞絲特麗很高興，認為自己終於找到了一個擁有同樣人生方向的伴侶。兩人因此決定在兩年後步入人生的下一個階段。亞絲特麗在離康拉德公司不算遠的地方找到了一間房子，但不在市區。不知道為什麼，康拉德覺得可以接受，所以答應了。幾年過去了，康拉德依舊享受著充滿愛情的生活，甚至也喜歡上了馬術，還決定要租一匹自己的馬，以便與亞絲特麗分享同樣的興趣與時光。

隨著時間發展，亞絲特麗的愛與方向在康拉德身上產生了作用，但這不表示，康拉德的方向只會受到他人影響，也不表示無法為自己帶來快樂。他以前公司的同事，有人喜歡打高爾夫球，他也曾基於好奇開始嘗試，只是這項興趣持續不久，在轉職後就中斷了，因為他其實沒那麼喜歡打高爾夫球。

認同、方向與愛是 G 中心涉及的主題。有關認同的問題是：「我與他人不同的地方在哪裡？」與方向有關的問題是：「我歸屬於哪裡？」關於愛情方面的問題則是：「我一生的摯愛為何？」

這裡所指的愛不只是關於浪漫的愛情與性，而是至高且能夠包含一切的愛。G 中心還跟空間定位有關，而 G 中心定義的人，一生都朝著同樣的方向前進。他們就像有一個精密的內建導航系統，能指引前進的方向。**因此在社會環境中，G 中心定義的人會明顯感到自己屬於特定的群體、組織或國家**，例如：他們都學有專精、有工作專業、有特定的政治傾向，或有特定的價值觀及興趣、嗜好。

5-2 開放的 G 中心

🕉 人類圖，愛、關係與性的案例

• 沙夏的 G 中心是開放的，他在人生中遇到了許多關係緊密的朋
友，而這些朋友都有定義的 G 中心

　　剛過 14 歲生日的沙夏正在考慮未來的人生方向，而他的父母
很開明，全交給他自己決定。沙夏唯一的參考對象是大他 4 歲的姊
姊艾爾瑪，而她對農業相當感興趣，因此決定朝環境科技發展。

　　沙夏認為，姊姊的選擇不錯，因此他也決定進入同一間學校就
讀。高中畢業後，他大學研究天然資源。在大一開學沒多久，沙夏
便與初戀女友同居，對方主攻林業經濟。半年後，他深受女友對林
業經濟的熱忱所吸引，因此決定要雙主修。

　　隨著兩人分手，沙夏開始懷疑雙主修的決定，因此決定中斷一
方。不久後，他認識了現在的妻子，對方當時讀的是法律。沙夏因
此決定要轉系讀法律，希望未來能夠成為一名律師或法官。

　　他之後的確成為了一名成功的律師，並與當時的同學合開了一
間事務所。多年後，沙夏與妻子決定離婚，而他也順勢將注意力完
全轉移到工作上。他是一名好律師，總能設身處地為委託人著想。
即便接了難度高的案件，他仍是優秀的辯護律師。對於自己的身
分，沙夏感到相當滿意，而這是他用大把歲月建立起來的成就。

對 G 中心空白的人來說，「我要找到屬於自己的身分認同、方向與歸屬」光有這種想法完全無濟於事。由於**此中心空白的人沒有特定的人生方向，因此他們會順應周遭環境或他人做決定。**

他們會透過感情找到自我認同，但必須透過正確的方式來建立關係。無論生活、工作、購物與喝咖啡的空間都非常重要，因為對的地方能帶來對的人，這不只是為了要了解自己而已。

而是自己與什麼人在什麼地方能感到舒適。只要是在對的地方與對的人相處，便能感受到愛、自由與自在。

在愛情方面，G 中心空白的人沒有至高的愛（無私的愛），這是因為空白的中心缺少方向，便長期處在尋找人生方向的狀態中。可能從學習科系舉棋不定，到經常搬家都是可能發生的事，因為他們永遠都在追求下一個人生目標。

然而，這種方式無法為「我是誰？」的問題找到解答。有時飄忽不定的自我甚至會感覺到，自己處於一段錯誤的關係中，並被引導至錯誤的方向。

對許多人而言，開放的 G 中心從外部獲得的資訊是很有幫助的。若能明白自己的人生不只存在一個終極的追求目標，生活就能輕鬆許多。至於「我到底是誰？」的問題，也不只有一種特定的答案。

具備開放心態的空白 G 中心是一大優勢，但對部分的人來說，仍是一種包袱。G 中心空白的人比較能設身處地理解他人，無論是關於什麼方向或哪一種愛、對象是修道院的修女或監獄裡的殺

人犯，他們都能理解對方的行為與動機。

他們能對人生方向與生活方式抱持著開放的態度，因此若一個人從素食主義者變成食肉主義者，或從環保人士變成環境殺手都不足為奇。也因為當這些人在尋找方向或愛情時，能夠對於他人感同身受，其他人才能有獲得支持的感受。若能在他人身上獲得正向的回饋與支持，對 G 中心空白的人而言，生活會輕鬆許多，而真正屬於自己的方向可能會逐漸明朗。

重要的不是透過他人認識自己，而是從相遇中學習。若試圖定義自己的身分，其實相當不切實際，因為沒有固定的形式存在。相反地，找到令自己感到舒適的工作與住所，並認識身邊的人，才是問題的解決之道。

對的人能引導你到對的地方；相反地，被不對的人引導到不對的地方，便無法感到自在與舒適。

G 中心空白的人如何感受正確的愛、方向與身分認同？當他們不再追求目標時，對於任何方向都抱持開放的態度時，就能與擁有各種方向，同時與所愛的人共行，並給予全力的支持。

空間感也是此中心空白的弱項。有些人相當擅長判讀地圖與導航，因此不容易迷路，但這種能力是定義 G 中心專屬的，G 中心空白的人欠缺這方面的能力。

在尋找愛與方向的過程中，G 中心空白的人可能被引導至錯誤的目的地，甚至陷入無限循環。若置身於錯誤的朋友圈中，便會不斷尋找。由此可見，周遭的人與地點都是引導人生道路的

關鍵。

　　若你的 G 中心是空白的，請問自己：「我是否正在尋找特定的愛與方向？」如果答案明顯是肯定的，那就表示，你對於 G 中心空白的意義還不夠明白，需要繼續理解。

比較定義與開放的 G 中心

	定義的	開放的
自然狀態	• 能夠感受認同、愛與方向。	• 能對每一種認同、愛與方向感同身受。
健康狀態	• 有自己的人生目標。 • 認識自己的特質與不同。 • 有特定表達愛的方式。 • 有至高形式的愛,這與個人無關。 • 有自己特定的生活方式。 • 在感情中扮演決定目標與方向的角色。	• 對於處境與認同相當敏感。 • 能感受每一種認同。 • 能夠敞開心胸接受不同形式的愛與方向。 • 能從他人獲得愛與方向,也能給予支持。
非自己狀態	• 嘗試占有絕對的決定權,並否定其他方向。	• 永遠在尋找愛與方向。 • 活在幻想中,並在其中尋找認同、方向、愛與目標。 • 人生方向會受他人影響。 • 順應他人、忽略自己。

邏輯中心

 定義的邏輯中心

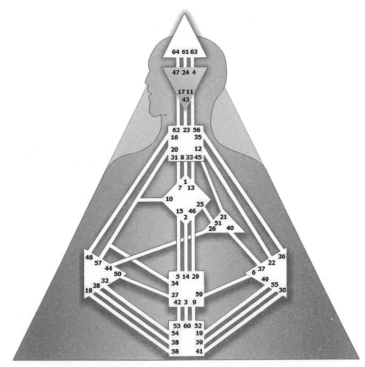

定義的邏輯中心圖示

🔅 人類圖，愛、關係與性的案例

- 彼得的邏輯中心是定義的
- 瑪格的邏輯中心是空白的

———————————————————————

彼得很清楚自己對於生活與感情的想法。為了盡到家人義務，他認為每週回家和母親吃一次飯是重要且必須的事。自從他搬出去住後，每週三晚上都會回家吃飯。至於在經營親密關係上，他堅持每年要度假兩次，夏天一次，冬天一次。

對於彼得而言，與瑪格的關係也同樣重要，他因此會定期（至少每兩週一次）送花給對方。此外，重要的還有孩子的規劃，他希望未來能生一男一女。在他們結婚近五年後，儘管兩人嘗試過無數的懷孕方式，瑪格仍無法受孕。因此，彼得決定與瑪格離婚，因為沒小孩的婚姻並不符合他對婚姻的想像。

　　邏輯中心定義的人，對事物有特定的思考模式，而從這些想法會延伸出邏輯或抽象的個人價值觀。在前述案例中，彼得的想法有自己的邏輯，也就是生小孩是他對婚姻觀念的一部分，所以婚姻少了孩子，他便萌生了離婚的念頭。這裡與情緒無關，而是腦中對於事物的概念；從外界獲得的一切資訊，都會透過固定的方式被分析處理。

　　邏輯思考的人總是關注數字、數據與事實，他們常見的表達方式是「我認為……」，代表他們有主觀的想法。而抽象思考的

人會說：「我相信……」，對他們來說，若已認定「沒小孩的人生就沒有意義」，通常是根據個人過往的經驗。

周遭的人很難理解那些擁有個人想法的人，就算這些人會說「我明白……」，卻常常無法真正解釋自己的想法。彼得根據自己個人的思考模式來做決定，小孩能為他的人生帶來改變與新事物，這對他來說很重要。擁有個人想法的人從天才到瘋子都有，**有時問題出在，他們無法向他人解釋自己的想法**。如果他們的想法能等待別人邀請，就能產生實質貢獻，獲得接受與歡迎，便會被認為是天才。

邏輯中心定義的人通常會認為自己的腦袋很活躍，並能藉此產生明確的想法。因此，他們常常依賴這些想法來做決策。但依據人類圖的類型，**回到自己的內在權威與策略做決定才是理想且可靠的方式**。如果根據處理資訊和研究的能量中心（邏輯中心和頭腦中心）做決定，無論決策看起來有多完善，也很容易造成失誤。接下來的章節，將解釋如何分辨自己的類型，並根據自己的類型回到內在權威和策略做出正確的決定。

在親密關係中，若有一方的邏輯中心是定義的，而另一方的思維模式是抽象的，就不容易相互理解，對彼此的想法都不易摸透。舉例來說，一個邏輯中心定義的孩子遇到了抽象思考的數學老師，便無法理解老師的授課內容。在這種情況下，孩子的數學有可能奇差無比，在其他科目卻表現得相當優異。原因在於，其他科目的授課老師能夠將資訊視覺化。

邏輯中心就像電腦分析數據的處理器，專門處理腦中的想法。

6-2 開放的邏輯中心

⑨ 人類圖，愛、關係與性的案例

- 傑諾的邏輯中心是開放的
- 彼得的邏輯中心是定義的

　　傑諾認為，自己與彼得的關係非常穩定。他非常了解彼得腦中的概念與想法，但這只局限於兩人共處的時候。傑諾有個朋友正與伴侶進行開放式關係，傑諾認為不難理解這種關係，彷彿自己能夠切身感受。

　　在傑諾認識了一位特別的男人（多利安）後，跟他發展出感情。每當彼得出差，他便能享受與多利安的相處時光。多利安與彼得不同，沒有特定的堅持，因此總抱持著開放的態度、樂於嘗試新的事物。在彼得回來後，一切又回歸正常。傑諾覺得彼得的想法對自己會造成的影響，並感到頭昏腦脹。

　　傑諾不斷試圖要尋找屬於自己的想法，並堅持下去，以穩定自己的立場。然而，在他知道自己的想法無法穩定後，便感到輕鬆了不少。對他而言，重要的是，不該在這種飄忽不定的狀態下做決定，而是需要根據自己的類型，回到自己的內在權威與策略。

　　邏輯中心開放的人能夠理解不同的想法與概念，卻總是受到邏輯中心定義的人影響，要學會與之應對並不容易。在察覺自己

的想法飄忽不定後，邏輯中心開放的人會試圖為自己找到固定的立場。儘管這個立場事實上不屬於自己，但仍會嘗試堅持下去。換句話說，腦中的立場是「二手」的。有時，邏輯中心開放的人甚至會用連自己都無法說服的方式思考，原因通常是受到他人頭腦中心定義或思維模式的影響。

這些被影響的想法是透過性愛與親密關係，接收了外在價值觀，而電影、朋友與家人也可能有同樣明顯的影響力。在稍後進入關於性愛的主題後，你會認識到自己的設計。

可能受影響的想法如下：

- 男人一生只能愛一個女人。

- 女人不能花錢找男人。

- 暴力式性愛是不正常的。

- 同性戀傷風敗俗。

- 在公共場合做愛是違法的。

若人們被動接受了外在價值觀，則不容易在性愛中獲得滿足。

邏輯中心開放的人，總會為自己的想法感到不安。他們的想法具有彈性，可以思考各種可能、構思各種計畫，但就是覺得不可靠。優點是，對聰明的人而言，他們能有源源不斷的靈感。

若此中心為開放的人，請問問自己：「是否總是在試圖說服別人，自己有可靠的想法與觀點？」

比較定義與開放的邏輯中心

	定義的	開放的
自然狀態	• 有特定的思維模式。	• 沒有特定的信念。 • 沒有特定的思維模式。
健康狀態	• 有特定的資訊處理方式。 • 透過概念能獲得安全感。 • 享受腦力激盪的感覺。 • 對特定領域深入研究。 • 常套用相同的概念。 • 認為關係該照自己的價值觀發展。	• 想法較彈性。 • 受他人的想法與思維啟發。 • 不會接受固定的想法與思維模式。 • 偏好開放且多元的想法。 • 受不同的關係概念啟發。
非自己狀態	• 過度執著於信念。 • 堅持意志所做的抉擇。 • 以信念支配人生。 • 試圖主宰關係概念，並透過信念解決關係問題。	• 不經思考便接受他人的想法，並捍衛到底。 • 為不切實際的想法操心。 • 擔心沒有長進。 • 尋求精神上的安全感。 • 緊抓受人影響的關係概念不放。

07

頭腦中心

7-1 定義的頭腦中心

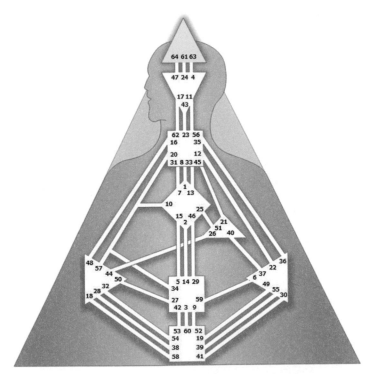

定義的頭腦中心

🌀 人類圖，愛、關係與性的案例

- 珊卓的頭腦中心是定義的
- 馬克的頭腦中心是開放的

　　珊卓的腦袋總是動個不停。她思考了很久，不確定現在這份祕書工作到底適不適合自己，並覺得這份工作毫無意義。

　　她從小就立志當醫生，因為對她來說，幫助別人比在辦公室打字跟算帳有意義多了。然而，她當時沒有自信是否能通過拉丁文考試與完成高壓的學業。

　　因此，她在過去的幾年非常意志消沉，且不斷思考著人生的意義，即使沒有外在刺激也是如此，例如：

- 堅持一段關係有意義嗎？
- 換掉這份工作真的好嗎？
- 在鄉下生活好，還是到都市更有發展？
- 再生一個孩子怎麼樣？
- 該為孩子選哪一所學校？

　　馬克已經快受不了珊卓的這些問題，並認為那完全是毫無意義的擔憂，會永無安寧之日。

　　之後珊卓開始藉助藥物，而馬克也感到鬆了一口氣，因為那確實能使她平靜下來。然而，好景不常，珊卓變本加厲，開始詢問他的想法，而同樣的問題始終沒有獲得解決。

> 這樣處於尋找虛無答案的狀態中一陣子後，有一天珊卓突然辭職了。兩天後，連她都對自己唐突的決定感到驚訝。

定義的頭腦中心會不斷施壓頭腦活動，就算頭腦中心定義的人試著放空與放鬆，卻總是做不到。要他們什麼事都不想根本是不可能的事，因為腦袋就是停不下來。依據受邏輯中心與頭腦中心定義的不同通道，可能會產生不同的思考模式。

只要頭腦中心有定義，邏輯中心也會跟著定義，因此會產生常態的壓力，如何處理這股壓力成為重要的課題。全球只有三分之一的人口頭腦中心是定義的，而這些人會將自己的想法施加於他人，或強迫他人接受。

在珊卓的案例中，她一直在尋找意義，並不斷詢問他人：「這樣有意義嗎？」她可能也會追根究柢，並不斷探究問題、想找出其中的癥結點；或是想讓所有人理解特定的事物，因此不斷地問：「這樣清楚嗎？可以理解嗎？」這是頭腦中心邏輯的壓力，跟圖型識別與實驗有關，例如：

- 有沒有證據能夠證明……（上帝或外星人）

- 如何能夠得知……（對錯）

- 有疑慮的地方在於……（選舉結果、記帳、價值）

頭腦中心代表了生活中的靈感與疑問,重點是思想啟發與認知能力的形成。若此中心為定義,腦袋就會動個不停。思考是一種無止境的體驗過程,因為總會有源源不絕的問題出現,接著又會出現新的思考循環。

頭腦中心也稱為壓力中心,因為總是不斷施加要人思考的壓力。若將邏輯中心比喻成電腦零件,頭腦中心便是儲存資訊的硬碟;而頭腦中心代表靈感,會將資訊傳送至邏輯中心。簡單來說,**頭腦中心處理思考的內容,而邏輯中心處理思考的方式。**

7-2 開放的頭腦中心

⟟ 人類圖,愛、關係與性的案例

- 拉麗莎的頭腦中心是開放的
- 克拉拉的頭腦中心是定義的

拉麗莎與克拉拉是認識很久的朋友。

每次兩人只要見面,克拉拉就會不斷抱怨公司的事,因為她的工作環境永遠充滿問題。她很想辭職,卻也不想造成生活上的麻煩,因此需要建設性的建議。拉麗莎接收了克拉拉的壓力,因此接連好幾天晚上都沒睡好,都在為對方想辦法。

開放的頭腦中心常常接收他人的心思，會隨著周遭的環境與遇到的人而有所不同。基本上，頭腦中心開放的人能夠隨時接收與運用來自四面八方的各種想法。

這類人對於不同的概念具有彈性，可能接受，也可能批評，但不會執著。他們會思考所發生的事件、相關的人事物，但就是沒辦法放鬆，無法讓腦袋靜下來。

若一個人的頭腦中心是開放的，而邏輯中心是定義的，則可能會拒絕思考任何事物。由於開放的頭腦中心，對於思考的壓力便不會產生特別強烈的感受。

若一個人的頭腦中心與邏輯中心都是開放的，則可能會強迫自己對於所有事物加以反思。

此中心為開放的人，請問問自己：「我是否執著於對自己人生毫無關係的問題？」或「我有沒有試圖為他人的問題尋找答案，而這件事與我毫無關聯？」

感情與性愛常常受外界的想法影響，而外界所謂正確的感情與性愛方式，有時會跟自己的身體感受相互衝突。我們不斷接受外在資訊，而這些資訊正是由頭腦中心定義的人所傳達的。

比較定義與開放的頭腦中心

	定義的	開放的
自然狀態	• 具有精神壓力與靈感。	• 缺少精神壓力。
健康狀態	• 能接受精神壓力。 • 在腦中模擬情境。 • 自然就能認知混亂、質疑與真相。 • 具有激發他人想像與思考的能力。	• 不把他人的問題當作自己的問題。 • 對於新的想法與見解採取開放態度。 • 不需要認識壓力的含義，也能夠享受壓力。 • 能夠辨認啟發與混亂的人們。
非自己狀態	• 精神壓力會導致自我懷疑、憂慮與情緒低落。 • 試圖用頭腦為問題找出答案。 • 沒有耐性，以至於會錯失寶貴的啟發機會。	• 把他人的質疑與疑惑當作是自己的。 • 嘗試解決不是自己的問題。 • 以他人的問題為基礎，進而透過頭腦做決定。 • 迫使自己避免精神壓力或逼自己找出答案。

喉嚨中心

8-1 定義的喉嚨中心

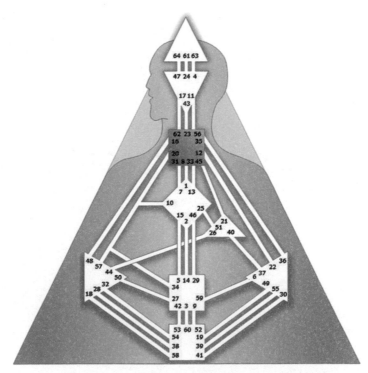

定義的喉嚨中心

> ## ❾ 人類圖，愛、關係與性的案例
>
> - 西蒙的喉嚨中心是定義的
> - 潘蜜拉的喉嚨中心是開放的
>
> ---
>
> 　　雖然西蒙説話的方言口音很重，但總能精準表達自己的想法。他話不多，但一開口就字字珠璣，從未有難以表達的情形。每次只要他一開口，幾乎所有人都願意仔細聆聽。
>
> 　　潘蜜拉從一開始就很羨慕西蒙的表達能力，並注意到只要西蒙在身邊時，自己便能和他一樣表達順暢，有時甚至還會受他的口音影響。無論什麼場合，西蒙的出現總是會影響潘蜜拉的表達能力。
>
> 　　她也注意到，自己對孩子説話時的方式會有所不同。西蒙總是用字精準，因此能提供明確的觀點。當他在家時，潘蜜拉就能透過他完美的表達能力陳述自己的想法。

　　我們所說、所做的一切，決定我們在世界上成為怎樣的人。喉嚨中心的主要功能是溝通、執行與表達。此中心為定義的人擁有特定的溝通方式，以獨特的方式顯示自我。

　　他們說話時有特定的節奏，會不斷重複使用特定的字詞。這些人平時話不多，一旦開口，便能點出重點。他們只會闡述自己的想法，而一切的溝通與行動也都建立在這個基礎上。

　　喉嚨中心共有 11 個閘門，是能跟其他能量中心建立最多連

結的能量中心。依據不同定義的閘門狀態，人們會有不同的表達方式。

人們會以不同的方式談論一件事

當喉嚨中心連接到情緒中心，人們在表達自己的感受時會說：「我覺得……」或「或許……」。

當喉嚨中心連接到邏輯中心，人們會透過理智、想法與概念表示：「我認為……」、「我明白……」或「我相信……」。

當喉嚨中心連接到 G 中心則是關於自我認同，人們會說：「我帶大家……」、「我可以……」或「我記得……」。

當喉嚨中心連接到意志力中心會產生力量，使人表示：「我擁有……」

當喉嚨中心連接到直覺中心能產生直覺，使人說：「我現在人在……」與「我試試看……」

喉嚨中心則關於**表達與行動**。人類圖將這個位置視為**行為中樞**，意味著，喉嚨中心定義的人比較有行動力。若他們能依據自己的類型，回到內在權威與策略做決定，便能將計畫付諸實踐，並妥善執行。

不同的中心能提供不同的動力，例如：情緒中心會產生情緒起伏、薦骨中心能帶來衝勁與續航力、根部中心會產生危機意識與腎上腺素、意志力中心會產生意志。

喉嚨中心定義的人，在感情中屬於支配的一方，並決定了感情中溝通、行動與執行的方式，可區分了兩種人：僅表達想法的人，以及會進一步付諸行動的人。

因此在一段關係中，僅有符合定義中心想法的事項會被實現，例如：花園或廚房的裝修事宜。如果喉嚨中心定義的人願意敞開心胸與他人溝通，做起事來便會容易許多。

8-2 開放的喉嚨中心

❾ 人類圖，愛、關係與性的案例

- 西蒙的喉嚨中心是定義的
- 潘蜜拉的喉嚨中心是開放的

「真是長舌婦。」西蒙心想，他常對潘蜜拉的多話感到煩躁，因此總是左耳進、右耳出。

當潘蜜拉對他的寡言提出抱怨，他也總是無法理解。

西蒙認為，自己算是心胸開放、能言善道的人，但只在必要時開口；非必要時，他很能管好自己的嘴巴。然而，當他重複聽一件事太多次，便會沒耐性地說：「我不是妳的長官，不用什麼事都向我報告。」

西蒙曾嘗試閃避潘蜜拉，因為她實在覺得很煩。然而，每當他這麼做，潘蜜拉就會提高音量。最讓他受不了的，莫過於兩人一同前往朋友的邀約。

潘蜜拉會在門口就說個不停，但西蒙非常想進到屋子裡，和其他朋友打招呼。他試過轉移潘蜜拉的注意力，但每次進到屋子後不久，她又會和之後碰到的朋友開始說個不停。

西蒙感到煩躁的程度令他考慮，兩人是否該分開。

開放的喉嚨中心會讓一個人成為他人的傳聲筒。由於開放的設計，讓說話沒有固定的時機與方式。喉嚨中心開放的人總是有說話的欲望，因此若是選擇老師、教練或演講者當職業，那麼這種特質便是好的，他們能透過淺顯易懂的方式表達想法。

麻煩的問題是，此中心為開放的人所說的，有時是他人想到，卻沒說出口的話。他們就是會有突如其來的念頭想表達，卻不知道這個念頭源自於他人。

他們常在腦中嘗試釐清自己的想法，但最後說出的話，卻常與之不符，並因此感到尷尬。要真正閉口不語，對喉嚨中心開放的人來說卻相當困難。

他們很難只在他人提問時開口。對喉嚨中心開放的人來說，要表達與腦中想法一致的話並不容易。他們沒辦法事先計畫自己的說話內容，因為總會受到外界的影響。

　　當喉嚨中心開放的人處於健康的狀態，能享受自己的滔滔不絕與多樣的說話方式。他們希望能藉此獲得關注，並會在達到目的後停止。對喉嚨中心開放的人來說，各種類型的戲劇，即使是即興表演，都可能是一展長才的機會。

　　然而，這種狀況若發生在感情關係中，他們經常會言之過多。

　　喉嚨中心就是一面鏡子，能夠強化與反射他人的想法。喉嚨中心開放的人，若處於獨自一人的狀態，常常無法將想法付諸行動，只能原地踏步。他們永遠都想吸引他人注意的欲望，藉以激發自己行動。

　　此中心為開放的人，請問問自己：「我是否試圖博取關注？」

比較定義與開放的喉嚨中心

	定義的	開放的
自然狀態	• 能夠自在表達與行動。	• 較沉默寡言。
健康狀態	• 擁有特定的溝通方式。 • 只表達自己的想法。 • 有自己的表達方式。 • 若連接到動力中心，便能有效地表達自己的想法。	• 有廣泛的表達能力。 • 受到周遭他人的影響。 • 表達的是他人的想法。 • 能為沉默感到自在。 • 等待他人給予表達的機會。
非自己狀態	• 基於固定的交談方式，往往是定義他人的那一方。 • 人生策略容易受忽視。 • 若沒有連接到動力中心，便無法有效地表達自己的想法。	• 不妥的言行。 • 想引起他人注意。 • 在不適當的時機說出不適當的話。 • 不知道自己該說什麼，而該事先準備談話內容，以不被周遭他人影響。

09

根部中心

9-1 定義的根部中心

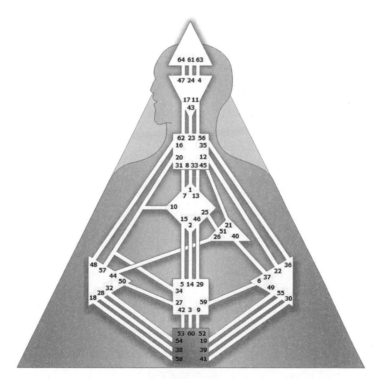

定義的根部中心

- 克內莉亞的根部中心是定義的

克內莉亞滿心期待地跳下床，因為她今天跟主管有一場關於加薪的重要會議。

克內莉亞沒有察覺自己內心的壓力與緊張，因為她早已習慣了高壓的生活。對她而言，每天都有不同的挑戰反而是種刺激。她總是積極並充滿拚勁，幾乎沒有問題能難得倒她。然而，對於自己為本哈特所帶來的影響，她卻一無所知。

當本哈特洗完澡後，他感到一股莫名的壓力籠罩著自己，因此沒頭沒腦地開始到處打掃、洗碗盤、整理杯具，並拿出起司。然而，他完全沒有想要吃起司，只是在家裡忙東忙西。克內莉亞因此罵他：「你到底在幹麼？不能讓我安靜地喝杯咖啡嗎？我今天有個很重要的會議，要和湯姆談加薪。拜託你靜下來，別再忙了。」

他們兩人完全不知道，本哈特開放的根部中心反射並放大了克內莉亞的壓力。他之所以會如此煩躁，就是因為接收了克內莉亞的壓力。

若一對情侶意識到，**開放的根部中心會反射並放大定義的根部中心所釋放出的壓力**，就能駕馭感情中所產生的緊繃，讓擁有定義中心的一方能了解自己的壓力，以及為對方所帶來的影響。

察覺其中的原因,並離開當下的環境,以不使自己受影響是很重
要的。

根部中心提供了驅動力,促使我們在人生中不斷發展並向前
邁進,這是掌管生活安定的中心,會透過釋放壓力來保障生活。
水能載舟亦能覆舟,除了壓力、動力與腎上腺素,生活的平靜與
喜悅也與此中心有關。若根部中心定義的人便會順應地過生活,
擁有基本信任與對自身的掌控都不是難事。一個人若有基本信任,
便不會自我懷疑,財務與其他層面的生活安定感也會隨之而來。

若一個人的根部中心為定義,並連接直覺中心,他便有處理
壓力的獨特方式,進而擁有健康的人生。只要有三條通道中的其
中一條,無論是家族、社會人或個體人通道,就代表這個人通常
熱愛運動,也具有抗壓性。

若根部中心連接情緒中心,則會放大情緒波,讓根部中心產
生更多驅動力。根部中心連接薦骨中心的作用最為明顯,讓人有
源源不斷的動力,並持之以恆、極度專注,以自己的方式過生活。

總結來說,源自於根部中心定義的內部壓力會向自己施壓,
以促使自己著手進行計畫,且這些壓力全來自於自己。根部中心
定義的人在 30 年內成立 5 間公司也不足為奇。

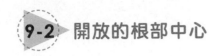

9-2 開放的根部中心

> ### 🌐 人類圖，愛、關係與性的案例
>
> ・本哈特的根部中心是開放的
> ・克內莉亞的根部中心是定義的
>
> ───────────────────────────
>
> 　　對本哈特而言，準時很重要。每當他要和克內莉亞一起出門，都會確保克內莉亞有提早起床，因為他不想遲到。
>
> 　　因此，他們經常吵架。克內莉亞感到厭煩，且完全無法理解，為什麼本哈特永遠要如此地緊張兮兮。每次聚會，他們都必須準時抵達，而本哈特在忙來忙去的同時，還會向她喊道，時間差不多了，該出門了。因此，每次一有聚會，克內莉亞就有預感，他們又要吵架了。兩人的一天通常在準備出發前就毀了。

　　若本哈特能夠明白，他所感受到的壓力完全不是自己的，而是對方的，或許能夠更妥善地處理或完全避開。我們在諮詢過程中發現，**根部中心開放的人，往往會提早至少 10 分鐘做好準備。**

　　根部中心開放的人會接受定義根部中心所釋放出的壓力，甚至有可能，一個人原本在家感到輕鬆自在，卻在另一人回來後感到緊繃。

　　根部中心開放的人往往會有強烈的不安，因為缺少安全感與安定感。我們的生活步調之所以會越來越快，也與此中心有關。

　　此外，過動與無助感也是出自空白的根部中心。人們唯有意識到，壓力不是來自於自己，才能夠獲得內心的安定。重要的是，分辨壓力的來源，才能讓自己靜下來，妥善控管壓力。

　　然而，有些根部中心開放的人卻很享受來自定義根部中心的壓力，熱愛分泌腎上腺素的感覺。他們透過定義的根部中心獲得能量，使自己充滿幹勁。無論運動時或上台表演，他們都有自己的目的。另一種根部中心開放的人，則是想盡辦法避免壓力，例如：他們會提早 10 分鐘抵達約定地點或匆忙出門，只為了要避免遲到的壓力。

　　比較好的方式是，辨識壓力的來源，並了解壓力並不屬於自己。由此可見，忍受壓力，並靜下心思考，或許會是個好方法。

　　在此補充一個針對孩童的建議：事實上，人類圖一開始的目的是為了教養小孩，能為他們的成長過程提供很大的幫助。根部中心開放的小孩有時會被診斷為過動兒，因為他們可能會接收同學根部中心的壓力，並放大。

　　若是如此，讓這類孩子受懲罰或受責罵便不太公平，因為問題並不在他們。若能認識根部中心，便能夠協助孩子了解自己，與辨識外來的壓力。

　　若一個人根據自己的類型，回到內在權威與策略做決定，便能獲得內心的平靜、擺脫外在的制約。因此，他們能夠了解到什

麼樣的壓力對自己才是有益的，並不會感到焦躁。

　　根部中心開放的人，請問自己：「是否經常在趕時間，想藉此擺脫遲到的壓力？」

　　若兩個人的根部中心都有定義，他們無法影響彼此；若兩人的根部中心都是開放的，則會感到相當自在。

　　總結來說，類型相同的人相處在一起，雖然會比類型相異的人來得輕鬆，但也可能很快就會感到無趣，因此無法產生化學反應。不同類型的人在一起，開放的根部中心才能夠獲得學習機會。定義的根部中心就像是一面鏡子，能藉此了解自己。

比較定義與開放的根部中心

	定義的	開放的
自然狀態	• 有壓力驅動。	• 沒有動力。 • 放鬆的。
健康狀態	• 藉由給自己壓力不斷往前。 • 能以特定的方式給自已壓力並面對。 • 對於不信任抱持健康的心態。 • 對於自己的動力感到自在。	• 藉由獲得外在的壓力做決定。 • 能夠妥善處理壓力，不會被壓力擊倒。 • 能使自已避開壓力，並獲得平靜。
非自己狀態	• 無法妥善地處理壓力，因此會產生健康與情緒問題。 • 將壓力轉嫁給他人，並期待對方能夠應付。	• 想要盡快完成工作，以擺脫壓力。 • 做出魯莽且不正確的決定。 • 被壓力擊倒。 • 無法擺脫壓力。 • 缺乏基本信任會導致極端的不安全感。

第 2 章

四種類型與人生策略

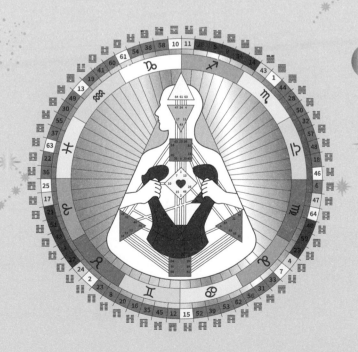

即使每個人從基因上來看都是獨一無二的（就算是同卵雙胞胎，遺傳基因都有所差異），但仍可以把所有人分成四種類型——**生產者、顯示者、投射者與反映者。根據不同的類型，做決定會有不同的策略**，進而產生不同的目標、使命與生活模式。若能依照自己的類型以正確的方式過生活，便能獲得滿足、平和、成功與驚喜。

每個人在群體中都有獨特的使命，不分貴賤，也無優劣之分。

投射者的才能在於管理或引導組織內部的創造力，並肩負善用人力資源的責任（尤其是生產者能量）；他們的工作主要為關於能量的分配管理。若將整體結構比喻成一座城市，那麼投射者就是市長。

生產者擁有源源不絕的動力，要從工作中獲得滿足與成就感。對於他們而言，掌控工作、日常與目標進度易如反掌。他們的工作類型多樣，從園藝師、社區主委、幼稚園老師、護理師、醫師、中學老師到農夫都有可能。

顯示者的目標是在群體（例如社團）中發揮影響力。他們能發起行動，並獲得支持，能在最短時間、積極且快速獲得成功。

反映者是能對普羅大眾感同身受的人；他們也對家庭結構與成員瞭若指掌。這類人可能成為小鎮醫生或神父，由於他們對於他人的感覺相當敏銳，因此能夠展現同理心。

對人生概念與事物的優先順序，不同類型的想法各有差異。

若想正常發揮潛在的優勢，必須做出正確的決定。**人一出生，就是一個完美的原型，並具有完美的天性。**人類不僅具有相當高的智慧，也是獨一無二的。**只有自己能成為自己的內在權威，並主宰自己的人生，**雖然他人無法定義我們的存在，卻能影響我們。

　　從孩童時期開始，我們就不斷地受到周遭的影響，例如父母、兄弟姊妹、祖父母、朋友等。研究指出，一個小孩在孤立無援的情況下，活不過 7 歲。對小孩而言，最重要的課題就是受到完善的照顧，而小孩的基因結構，會塑造他們成為怎樣的人，有時也會受到外在環境影響。

　　大部分父母對於育兒方式的見解是：「只要是以前對我好的東西，就能對孩子好。」這種思考模式相當常見。例如人們會認為，人活著就該成功與幸福，因為其他人也都這樣；同樣的模式也出現在父母的育兒方法上。父母會依照自己的希望與喜好教育孩子，但孩子與父母畢竟不同。**孩子必須靠自己尋找真正的自我，並發展自身能力，以定義自身價值。**

　　我們不斷在人生中學習，無論是在學校，或透過朋友、諮商、訓練，甚至冥想。雖然這些方式都能協助我們找到自我，但這些永遠都是我們的外在權威。唯有當我們根據自己的類型，回到內在權威與策略做決定，我們便能在人生中找到真正的自我。人類圖，提供一個讓我們能夠真正認識自己的機會。開始的第一步，就是要相信自己的設計、能力與潛能。人們必須相信自己的決策能力，而不是仰賴外在的力量。

藉由簡單易懂的人生策略，你可以在自己與他人的人生看到深遠的影響。只要根據自己的類型，回到內在權威與策略，人們得以重新認識真正的自己。

 ## 後天的決策模式對人生的影響

頭腦，只是外在權威

對他人來說，頭腦是一項精巧且很棒的外在權威工具，能夠判斷、分析與辨識複雜的問題。

由於頭腦是外在的權威，我們不該將頭腦作為內在權威使用。若我們將頭腦比喻成一間公司部門，它就是運算部門。假如公司主管將營運重擔全壓在該部門上，那他就是瘋了。每間公司都有一個主導營運管理的部門，而在人類圖中，指的就是與自身類型息息相關的內在權威。

我們先天都有內建的決策模式，也就是類型、人生策略與內在權威，可以幫我們做出正確的人生抉擇。**基本上，每個人都知道，哪些人事物對自己才是好的或對的。**依據這種直覺最決定很正常，但內在機制一旦習慣用頭腦做決定後，就會失去對於自己做決定的信賴。

隨著年紀增長，想重新找回自信，並擺脫不正確的決策模式也越不容易。

人類圖提供了一個重新發掘個人潛能的機會，並給予人們可以在生活中實踐正確做決定的方式。

人們往往認為，自己的人生操之在手，結果卻經常不如預期。由於我們從學習第一個生字到高階數學，就開始訓練頭腦，因此我們知道頭腦是如何運作，也受到頭腦的限制，我們不斷透過頭腦來做決定。

⓪ 人類圖，愛、關係與性的案例

若一個女人心想：「開好車、長得帥、學歷高又有錢的男人才是我的真命天子，媽媽說過，結婚就是要找這種對象。」

如果她依據頭腦所想的條件做出選擇，那麼等著她的是一段失敗的關係。

或許不久之後，她會發現，對方根本不是自己心中所幻想的白馬王子。這樣的男人可能是個工作狂，或兩人完全沒有同樣的興趣與價值觀，甚至對方把她當成「能帶出場炫耀的花瓶」，只不過是他家的黃臉婆和孩子的母親。

人們經常會在走進一段關係後才發現，事實與自己所預期的不同。雖然雙方可能會因而分手，但也提供了一個認識自己的契機。

這名女子之後可能會認識一個，與自己或母親預設條件完全不符的男人，內心卻釋放出了正面的感受。儘管對方不太有學問、有點胖，卻非常親切，完全不同於她之前所認識的人。

　　如果她決定與對方在一起，便能過上快樂的生活。**有時直覺與頭腦的想法會產生衝突，但不表示，頭腦完全不可信任。**頭腦跟直覺也有一致的時候。

　　選擇正確的關係的意思是，在做決定的過程中運用人類圖系統。頭腦中心和邏輯中心只需要負責研究與分析，雖然需要事實、數字與數據，但最後仍必須根據自己的類型，回到內在權威與策略做決定。

　　人們腦中有時會出現不適合自己身體，卻以為很健康的想法，例如吃素。假設我們與朋友坐在餐廳，看到菜單時對雞排有回應，但因為吃素比較健康的想法而直接略過雞排，並點了素豬排。不久之後，肚子一陣絞痛，甚至腹瀉，整晚跑廁所也沒睡好。結果是因為素豬排不新鮮，而這就是透過頭腦做選擇所帶來的後果。

　　如果沒有根據自己的類型，回到內在權威與策略做決定，會使身體產生反抗。

類型	正確的決定	錯誤決定的非自己主題
生產者	滿足	挫敗
顯示者	平和	憤怒
投射者	成功	苦澀
反映者	驚喜	失望

不同類型做出正確與錯誤決定的結果

　　無論我們怎麼做決定，頭腦總會喋喋不休，當我們做錯的決定時，頭腦試圖合理化，直到被識破為止。

正確的決定將帶來正向的改變

　　若我們根據自己的類型，回到內在權威與策略，便能做出正確的決定，並能為人生帶來正向的改變。

圖解類型分布的人口數據

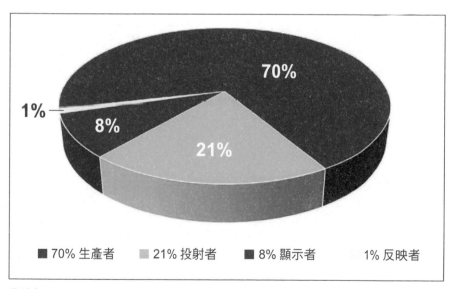

資料來源：https://www.jovianarchive.com/Human_Design/Types

人類圖的四種類型

01 --

生產者

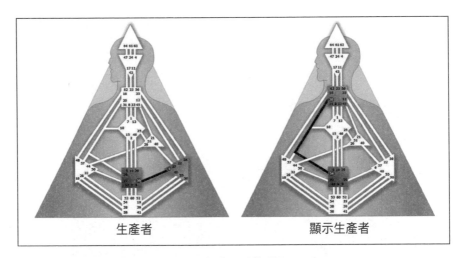

生產者　　　　　　　　　　顯示生產者

生產者的人類圖

特性	定義的薦骨中心
類型	能量類型
人生策略	等待回應
非自己主題	挫敗
能力	創造力
人生疑問	我是誰？
目標	滿足
能量場	開放與包覆

關於生產者

在四種類型中，**只有生產者的薦骨中心是定義的，擁有最強**大的動力，對工作來說是一大助力。生產者可說是為工作量身打造的類型，在找到適合自己的工作後，便會沉浸其中。外在對他們的詢問很重要，而薦骨中心需要發出「嗯哼」（肯定）的回應。工作的驅動力會隨之啟動，就能有取之不盡的能量。**生產者屬於能量類型，可以轉化來自薦骨中心的能量，供自己使用。**

當生產者的薦骨中心沒有回應，但仍然做了某些決定，便能預見未來會遭遇到挫折。

你或許經歷過類似的情形：你在思考給女友驚喜的方式時，突然有了靈感。你決定要為她計畫一場生日派對，邀請朋友一同慶祝，並打算租一個場地，還要訂酒水飲料。然而，計畫並不順利，就像是受到了詛咒。許多朋友剛好這天都沒空，還有幾瓶價位較高的酒被打破了。雖然事前的準備很充足，但當天的氣氛就是不對，你因此感到相當沮喪。畢竟花費了這麼多精力，結果卻不如預期。

對於這種挫折感，你或許會感到相當熟悉。挫折感之所以會出現在這個故事裡，**就是因為當事人自己發起做了決定，而沒有透過外在的詢問，因此薦骨中心沒有得到回應的機會。**如先前所說的，**薦骨中心無法對自己提問，**由於薦骨的驅動引擎沒有啟動，因此沒有能量可供使用。

解決方式是，可以與其他朋友一起討論，或詢問對方的意見。當對方問你：「你喜歡舉辦派對嗎？」而你的薦骨發出「嗯哼」的回應，就是肯定的答覆。你會因此具備足夠的能量，派對的計

畫過程與結果都將令你滿意。

　　無論你是想買一件褲子、換工作或與他人發生關係，都需要有被詢問的機會。總之，不要在沒有獲得身體回應的情況下擅自做決定。然而，這並非要你坐以待斃，或消極地等待他人的詢問，**而是要積極地與他人交談，交換自己想法。**如此一來，你就有機會獲得所需的詢問，進而做出健康與正確的決定。若你很喜歡西班牙，每次度假都想去那裡，當別人問你：「你下次度假還要去西班牙嗎？」你的薦骨回應總是肯定的，那到西班牙度假就是正確的決定。

　　薦骨會對各式各樣的問題做出回應，生產者要能察覺這些回應，才會感到相當踏實。在某些問題上，甚至比頭腦思考還可靠。**只有善用這些薦骨回應，才能過上滿意的人生。**若你總是透過頭腦做決定，是行不通的。不僅會讓事情進行不順利，可能還會力不從心。這種感覺常會在猶豫是否要洗車、大掃除或收衣服時出現。許多人都有這樣的經歷，只是經常受到忽略。雖然你因為習慣而無視於薦骨的回應，但透過練習可以獲得改善。只要能辨識薦骨發出的回應，你便能為生活帶來明顯的改變。如此一來，你就能獲得滿意的生活，因為你所做的與身體所需達到一致。

　　隨時隨地都能進行薦骨的練習。剛開始，你可以要求朋友向你提出自己有明顯偏好的問題。這樣你就能夠分辨薦骨對不同問題做出的肯定與否定回應，例如：「你喜歡紅色嗎？」「你喜歡吃義大利麵嗎？」「你喜歡小孩嗎？」「你熱愛自己的工作嗎？」

「你想結婚嗎？」

面對這些問題，薦骨應該要能迅速做出回應。如果你需要思考，才做出「嗯哼」的回應，那這就是頭腦所給的答覆。準備好要開始練習了嗎？對於這個問題，你的薦骨是如何回應呢？如果薦骨給了你肯定的答覆，就趕緊開始吧。

如果你回到內在權威與策略，過著生產者正確的生活方式，那就能將人生中的挫敗感降到最低，而工作效能也將大幅提升。

 ## 1-1 生產者的能力

生產者具有強大的能量，其能量的來源就是薦骨中心。如果其他動力中心的驅動力（情緒中心、意志力中心與根部中心）像是機車引擎，那麼薦骨中心就像是卡車引擎。就算要拖的是 10 噸重的貨櫃，對於薦骨中心來說易如反掌。然而，3 輛卡車若都仰賴同一個引擎，就會因負荷過大而燒壞。此外，這個強大的能量僅供生產者使用。透過薦骨中心，生產者能獲得強大的工作能量，因此能輕鬆解決大部分的日常工作。如同一句話說的：「工作對了，人生就對了。」也因如此，熱愛自己工作的生產者總是精力充沛。就算工作面臨巨大的挑戰，只要對於這項工作有回應，完成後就能獲得滿足感。

只有回到自己的內在權威與策略做出正確的決定，才能激發薦骨強大且高效能的能量。你必須讓自己在生活中經常處於被詢

問的狀態，因為人的一切行為都是設定好的，例如：想喝水、想談戀愛、想換工作或想買房子。對於這些決定，你需要薦骨給出肯定的回應。最重要的是，所做出的決定必須符合自己的人生策略。唯有如此，才能過上滿意的人生。

這裡簡單地說明「被詢問」這件事：請不要照字面上解讀「被詢問」的概念，因為不是要你消極地等待一個口頭上的詢問。這裡指的等待是積極的，要不斷與別人交流，並繼續生活、工作。期間要不停談論自己的事，直到有人對你提問。例如：一個人常說想要有一匹自己的馬，而且是冷血馬*。有一天，一個朋友問他：「你一天到晚在講冷血馬，有想過要自己買一匹嗎？」這時，薦骨當下的回應，就是真正的答案。

我們常在生活中自發地做出許多決定，例如：沒有人會坐在位子上扭來扭去，等著別人問自己是否想上廁所，除非是小孩。成人若想上廁所，便會自發地去廁所，不會等待他人的詢問。生活就是要照這樣正常的方式繼續下去，只是要保持警覺，並多花心思留意自己的薦骨回應。頭腦負責的是分析，只要對受啟發的靈感加以思考，而非做決定。他人沒有未卜先知的能力，只能提供我們做出正確決定的機會。

若面對一個具體的問題，薦骨發出「嗯哼」的肯定回應，便具備充足的能量，可以放手執行。不只對他人提問的提問有回應，

---

* 按照馬的品種的個性與氣質，分為熱血馬、冷血馬與溫血馬三大類（此分類方式，和馬血液的溫度或體溫毫無關係）。冷血馬具有龐大的身軀與骨架，安靜、沉穩，通常當作是工作馬。

薦骨對周遭環境的聲音與景象也會做出回應。若他人問你：「你想要喝咖啡還是茶？」薦骨也有可能毫無回應。當然，我們都知道該如何回應這些問題，但如果一次只提出一個問題，事情會簡單得多。許多生產者現在可能會想：「是啊，我知道自己在想什麼。」

然而，不是所有人都能明顯聽見自己的薦骨聲音。這些人往往聽不見「嗯哼」的回應，而是身體會出現抗拒的行為，以表示拒絕，這關係到身體是否會提供可使用的能量。**「嗯哼」的回應必須是立刻的，若停頓一下才回應，就表示頭腦介入了，那這個回應便不再準確。**當有人問你：「你想要繳稅嗎？」相信大部分人的回應都是否定的；但當問題變成：「你願意承擔不繳稅的高額罰款嗎？」大部分人的回應可能又會有所不同，除非你真的願意負擔高額罰款。

只是，一次出現單一問題的情況相當少見。尤其對於重要的決定，更是需要不同面向的問題，例如：康妮在為家裡找一張沙發，而當她在家具店看見一張紅色的皮革沙發時，覺得：「這張沙發真是太棒了，不僅材質好，設計也很棒。」接著，她打電話給丈夫，並描述這張沙發。丈夫問了她：「那妳喜歡嗎？」她說：「喜歡。」「那價錢我們負擔得起嗎？」「可以吧。」「妳覺得跟我們家的裝潢搭嗎？」「不太搭。」這一連串的對話就是通往正確決定的道路。

當我們做出不正確的決定時，也就是沒有回到自己的內在權

威與策略，則不會有能量可供使用。若執意做出這項決定，便會在事後感到失落與挫折。事情並無法順利進行，且會不斷受阻。薦骨的回應就像一個開關，控制了身體可使用能量的狀態。

所有的決定都是有後果的，當別人問你：「你想吃巧克力嗎？」若薦骨的回應是肯定的，吃下巧克力便沒有問題；若薦骨的反應是否定的，而你依舊吃了巧克力，後果絕對不會是好的。諸如此類的問題還有許多：「你想吃肉丸子嗎？」「你想喝咖啡嗎？」「你可以把垃圾拿出去嗎？」「你可以幫我們清理一下桌子嗎？」「這個工作交給你可以嗎？」「你願意和我結婚嗎？」「你想和我發生關係嗎？」

頭腦都有可能介入這些問題，例如在寒冷的冬天，有人問你：「我可以把窗戶打開嗎？」聽到這個問題後，你的薦骨馬上就會出現回應：「呃⋯⋯最好不要，我的免疫系統不太好，可能會感冒。」然而，頭腦可能會說：「或許新鮮的空氣會讓腦袋清楚一點。」請傾聽自己薦骨的回應。

當生產者開始嘗試傾聽薦骨的回應，並遵從自己的人生策略，可能會產生不安。這是因為頭腦會告訴你，不必等別人的詢問，自己做決定吧。頭腦試圖說服你，如果凡事都要等待他人詢問，便遲遲無法行動。頭腦不希望你等待薦骨的回應，因為頭腦總是著眼未來，想要有計畫，並盡快付諸實現，而不是活在當下。

當生產者在計畫未來時，情況可能會是這樣：麥斯米里安在20歲時就計畫好了未來的發展；他要在拿到學士與碩士學位後，繼續攻讀博士，接著做博士後研究。他想回到維也納大學任教，

而長期目標是當上學院的院長。他之後要升上正教授 *，並將一生奉獻給學術研究，直到 70 歲退休。此外，他想在市中心買一間公寓，在閒暇之餘騎自行車與泛舟。當然，他也想結婚，還要生兩個小孩。然而，當他在 30 歲拿到博士學位後，卻發現學術研究根本不是自己的專長，因此感到挫折與茫然，不知道該不該繼續實踐先前制定好的計畫。

幸好，有次麥斯米里安與一個正在研究人類圖的朋友聊天，對方向他說明了薦骨回應的概念，因此他開始嘗試傾聽自己的薦骨聲音。當然，這個聲音剛開始很微弱。他的朋友期間不斷從旁協助，並向他提出關於未來發展的問題。麥斯米里安注意到，當提及博士後研究的問題時，他的薦骨沒有給出肯定的回應。他的朋友針對這個問題換了許多提問方式，但結果都一樣。他開始感到有些不安，心想自己是否也該報名和朋友一樣的職業訓練。在朋友向他提出這個問題後，他的薦骨回應是肯定的。麥斯米里安再度感到不安，因為整套訓練所費不貲，而他甚至不知道自己能否以此謀生。

根據我們過往的人類圖諮詢經驗來看，若薦骨回應是肯定的，那麼之後也會對這樣的人生感到滿意。或許剛開始麥斯米里安的收入的確會不太穩定，但他因為聽從了自己的薦骨回應，所以會甘之如飴。

---

* 在台灣，教授一詞統稱大專院校的教師，嚴格而言，作為職稱，有教授、副教授、助理教授 3 種，嚴格而言教授僅指正教授，但副教授及助理教授也會被尊稱為教授。

當身體對一個問題做出了肯定的回應，但這個決定與自己先前的計畫與目標相差很大，心裡便會出現不安。這種不安感是一個試金石，要考驗你是否真能根據自己的類型，回到內在權威與策略。頭腦總是試圖控制所有大小事，因此會在我們嘗試相信薦骨時，在腦中恐嚇我們。當頭腦失去了對我們人生的掌控權，便會向我們釋放不安感。

　　再舉一個例子：艾娃是一名律師，在一間律師事務所工作。她不僅事業有成，收入也相當優渥。儘管如此，她對於自己的人生仍感到沮喪。艾娃的朋友都對此感到不解，她明明有好的工作、好的收入，且前途一片光明。某一天，她收到了一個意外的工作邀約，關於前往非洲協助社區發展。她的薦骨有回應，也是她所要的。

　　對於這樣的工作機會，艾娃的頭腦絕對能找到相當多的反對理由：「瘋了嗎？非洲這麼危險！」「這工作的收入，連妳現在的一半都不到！」「這工作太大材小用了！」「這工作沒有前途！」……頭腦很聰明，總能用最有效的方式嚇唬你。

　　如果艾娃相信自己的薦骨，便能做出正確的決定，並過上滿意的人生。或許她必須放下眼前的快樂，但能追求更大的幸福。

　　依照薦骨立即採取行動，看似違背「等待」的原則，事實上卻是「積極等待」的狀態，也就是說，不是什麼都不做，而是繼續過生活、投入工作，談論一切事物。生活持續前進，該做的事也繼續做，只是得隨時保持覺察。**若保持覺察，就能發現，日常生活中有**

許多問題等待著你回應，而自己也會有所回應。對於這些問題，頭腦通常都會介入，試圖掌控人生中所有的大小事，但不該如此。你應該試圖安撫頭腦，讓頭腦回歸到分析的職責。頭腦的確能產生相當大的貢獻，但做決定並非頭腦的強項。健康的頭腦是要為了讓我們更專注生活，保持警戒，並支持人生中的決定。

若生產者不依自己的薦骨回應做決定，便會遭遇挫折，無論是感情、工作、飲食或穿著。若身體產生「呃……」的回應，而你仍然堅持到底，就會預見身體的反抗，不會具備可供使用的能量。若順從薦骨的回應，則會獲得滿足感。生產者能在人生中獲得能量與滿足感是最重要的事。

若生產者做出了錯誤的決定，往後的工作便會中斷，或可能產生放棄的念頭，因為身體沒有產生足夠的能量來支持。若生產者讓自己投入一項錯誤的工作，而這項工作是頭腦告訴自己應該做的，便會產生挫折感。「不要無中生有，只有耐心能夠克服一切。」等待非常重要，卻也是過程中最大的難題。

你可以開始實驗，花一天的時間留意生活中向自己提出了的問題，並嘗試在沒有獲得問題的情況下，什麼事也不發起。若薦骨做出了回應，請留意回應的內容。

請維持在積極等待的狀態，並不要自發地做決定。

生產者的愛與關係

在感情中，生產者永遠有目標要達成，例如買房子、生孩子、養孩子與成立公司等。由於這些目標對於生產而言相當重要，因此會影響到感情。換句話說：「工作順了，感情也就順了。」

若兩個生產者處於一段感情中，他們仍會把工作擺在第一位，而這些工作可能是日常生活中的大小事，例如：打掃、修房子、煮飯或園藝等家事。對於一對生產者伴侶而言，最典型的案例就是買了一棟老房子，並一起進行整修與裝潢。這滿足了兩人對於工作的需求，同時能在其中獲得樂趣，因此是個正確的決定。

即使在感情中，生產者獲得回應也是很重要的。只有透過正確的決定獲得能量，才有行動的動力，在感情中涉及的一切都是如此，例如：工作、性愛或度假。對於這些決定，都必須先有被詢問的機會，而薦骨再做出回應。

有些人要花很多時間才能鼓起勇氣踏入一段感情，這通常與內在權威有關。情緒中心定義的人，最好花一段時間讓自己冷靜下來，待情緒波穩定後，再冷靜地做決定。

在感情中，尊重他人是很重要的，因此必須要能理解薦骨給出肯定與否定的回應，才能擁有令人滿意的感情生活。

舉例來說，當客廳裡擺了髒衣服，正好你的早餐做好了，卻還沒吃。這時，妻子向你說：「你可以把髒衣服拿到外面嗎？打掃阿姨再半個小時就要來了。」聽到這個要求，你的薦骨給出了

明顯「呃……」的回應。

　　你會答應妻子的要求嗎？請謹慎看待他人的回應，才能擁有理想的共同生活。你不需要總是讓他人提問，等薦骨給出肯定的回應才行動。

 生產者的人生課題

　　對生產者來說，最重要的問題永遠是「我是誰？」

　　生產者想知道，是什麼定義了自己。即使這個問題有很多面向，但透過外在環境向自己提出的問題，仍能獲得答案，例如：「是什麼讓我與眾不同？」「我喜歡什麼工作？」「我的生活型態如何？」「我的生活環境如何？」「我開什麼樣的車？」「什麼樣的伴侶適合我？」「什麼類型的房子適合我？」

　　原則上，找到真正屬於自己的事物相當重要，如此一來才能獲得滿足，而身體也能獲得行動的能量。一天結束後，你會因為當天完成了很多事而感到滿足，無論是煮了一桌菜、漆了一道牆、裝修了庭院，或完成了其他更了不起的事。

　　最重要的是，你獲得了工作的能量，順利完成工作，因此獲得滿足感。

　　剛開始嘗試了解自己時，有時甚至會對自己薦骨的回應感到訝異。你的目標是，找到真正屬於自己人生的人事物。頭腦可能會在一開始不斷唱反調，但只有透過回應外在問題，你才能真正

了解自己。

　　你一定要相信自己的薦骨，並做出正確的決定，無論是關於工作、感情、生活或小孩的教育。

 生產者的內在權威

　　內在權威是一個相當值得信賴的中心，能夠提供指引，協助生產者做出好的與正確的決定。約有一半的機率，內在權威的判斷會與薦骨一致。

　　至於另一半的機率，則需要更多來自於情緒中心的資訊。

情緒型權威

　　由於情緒中心定義的生產者需要比較多的時間才能做出正確的決定，因此情緒中心定義的生產者必須學會觀察情緒波，了解自己的情緒的波動由高峰趨向低峰，則代表情緒由緊張與不安趨向平靜。過程中，可能還是會經常受到外在詢問的干擾，情緒平復的時間可能就需要更多。你至少讓自己睡一覺再做決定，而比較棘手的問題可能需要更多的時間，因此耐心非常重要。情緒人通常比較沒有耐心，因為頭腦會不斷告訴自己，這是坐以待斃。然而，依據我們過去的經驗，對一個人有真正不良的影響，是做錯決定帶來的挫敗感。

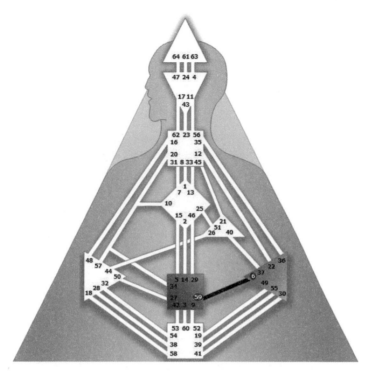

情緒型權威圖示

因此，情緒人通常對於有關感情與性愛的問題，也需要花比較多的時間做決定。若一個人問你要不要和他在一起，回答這個問題前，最好花點時間仔細考慮，等情緒波從高峰轉為低峰，或趨於緩和。若頭腦能同步進行分析，則是最理想的情況。你可以回顧過去的感情狀況，思考好與壞的情形，也可以設想未來與這個人在一起的情形。在情緒逐漸平穩後，你的薦骨便能提供指引。

然而，不是所有日常生活中的大小事都需要等待回應，也

不是在情緒完全平穩後才做決定，例如被問到：「你想喝杯咖啡嗎？」或「你想一起去看場電影嗎？」這些問題顯然不需要一個絕對正確的答案。儘管如此，可以在回答前深呼吸仍是件好事。若拿捏不定主意，或許可以說：「我們等一下用電話說好嗎？」

🌀 人類圖，愛、關係與性的案例

・佩特拉獲得了一個工作邀約，對方提供了優渥的薪資

　　她不知道這個工作是否真的適合自己，因此感到相當緊張，無法做出決定。一週後，她接到了電話，並收到了面試通知。即使對方這一次提出了優渥的待遇，她仍無法拿定主意。通過電話兩天後，佩特拉知道，這是最後一步了，她必須做出決定。

　　她發現，自己已經不緊張了，並意識到薦骨給出了肯定的回應，因此她決定要接下這項新工作。

薦骨型權威

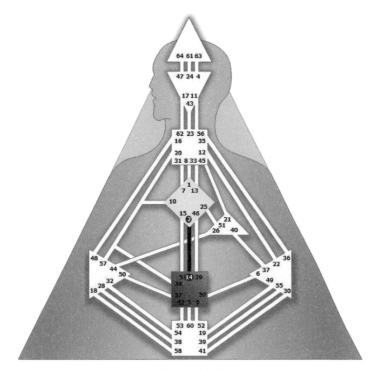

薦骨型權威

　　請根據薦骨中心的回應做決定，並遵從薦骨當下「嗯哼」的
回應。

1-5 生產者的實踐

生產者有兩種類型：純生產者、顯示生產者。兩者的差異在於**行動的速度**，喉嚨中心是否有連接動力中心。若產生連結，顯示生產者會立刻行動。純生產者在行動上，必須等待行動的指示，可能透過他人，也可能透過回應。雖然顯示生產者可以比較有行動力，卻也可能因過於衝動，而做錯方向。

純生產者在做出決定後，會按部就班執行。過程中，頭腦可能會告訴自己，要盡快把一切完成。但切記，請等待適當行動的機會出現。你唯一需要的，就是耐心。

例如：**寶琳**決定要換車，因此去了不同的車行。然而，她還是找不到一輛真正適合自己的車。某天，一個朋友來找她，而對方告訴她，義大利汽車飛雅特（Fiat）推出了一款新車。她有種特殊的預感，於是上網搜尋了同型號的白色車款，並聯絡了業務試車。3 天後，她買到了新車。

純生產者之所以缺乏直接的行動連結，**是因為喉嚨中心沒有直接或間接地連結動力中心**，因此需要外部的刺激。外部刺激可以是人、動物或時間。

因此，純生產者在行動上需要比較多的時間。通常在經過一段時間的等待，做出正確的決定後，便能一步步地朝目標前進。

顯示生產者

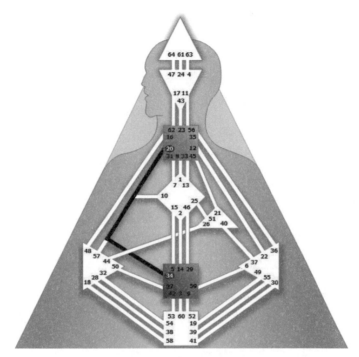

顯示生產者的人類圖

　　顯示生產者與純生產者的差異在於，喉嚨中心是否有連接動力中心，讓顯示生產者更容易做出決定，並付諸行動。

　　相較於純生產者，**顯示生產者的薦骨回應更容易付諸行動。**對許多人來說，他們的創造力真的很驚人。雖然匆忙行事也是他們的特徵，但這就是顯示生產者實踐想法的自然方式。

　　舉例來說，若有個人想從冰箱拿牛奶加進咖啡時，發現牛奶

沒了，便會馬上出門，到最近的商店買一瓶牛奶再回家。

　　進門後，他看見自己養的貓坐在門前，這才發現，貓飼料也沒了。

　　對顯示生產者來說，最理想的方式就是列清單，否則在快速前進三步後，仍得倒退兩步。儘管如此，**單就結果來看，顯示生產者仍比純生產者有效率的。**

　　若顯示生產者沒有做出正確的決定，執行工作即使很快地開始，也會很快地被中斷。你會注意到，自己並沒有能量能夠持續進行，便將計畫結束。這不僅會帶來挫折感，也會帶來怒氣。若能夠做出正確的抉擇，即使草率地開始著手執行，也不會有挫折感，最後仍能達到目的。

生產者的伴侶諮詢

　　在我們的諮詢經驗中，依照自己類型，回到內在權威與策略做決定的人，可以過上比較滿意的人生，也能找到比較適合自己的工作。然而，這不表示人類圖可以保證所有事都有美好的結果。**因為有時，分開才是正確的選擇。**

🔗 人類圖，愛、關係與性的案例

伴侶諮詢案例：亞絲特麗與尼可拉斯

• 當亞絲特麗與尼可拉斯來尋求諮詢時，兩人已結婚 13 年

在簡短的說明後，我們進入正題：

「你們對於諮詢的期望是什麼？」安德莉亞首先問道。

「我們在相處上有一些問題，也很久沒有性生活了。」尼可拉斯說。

「我們在一起時，已經感覺不到快樂了，一切很無力。我實在不知道該怎麼辦。」亞絲特麗補充道。

第二個問題通常是關於兩人如何建立關係：「你們是怎麼在一起的？」

他們說，尼可拉斯當時很積極地追求亞絲特麗，並多次向她告白。思考了一段時間後，亞絲特麗沒有正面回答，反而向對方問道，是否真的想和她在一起。

安德莉亞說明了兩人的類型與權威：亞絲特麗是有情緒型權威的生產者，而尼可拉斯是有薦骨型權威的生產者。結果，他們需要在日常生活中不斷詢問對方的想法。由於亞絲特麗擁有情緒型權威，便需要經常被詢問。

在第一次諮詢時，他們就獲得了具體的建議：「你們要不斷詢問對方的想法。很多夫妻與情侶都做不到這點，但這對於生產者而言非常重要。此外，當對方以命令的口吻說話時，也要提醒一下。」

兩人第二次來諮詢時，互動有了明顯的改善。他們會一起說話，還有說有笑，這實在難能可貴。只是，他們有時無法辨識那些「嗯哼」的回應是否真的來自於自己。此外，也可以明顯看出，提問對於尼可拉斯來說並非難事，他甚至不介意多問幾次，就算亞絲特麗沒有反問。只不過命令口氣仍是兩人都有的問題。

　　後來，他們用了暗號來解決這個問題，得到不錯的效果；對方很快就會提出相應的問題。只是，對於兩人來說，接受否定的回應仍不是容易的事，例如當尼可拉斯問：「妳今天可以煮飯嗎？」對方的回應是「呃……」或當亞絲特麗把晒好的衣服擺在床上，並問：「你可以把衣服收進衣櫥嗎？」卻收到對方否定的回應。在日常家務的否定回應，對於兩人來說都不容易接受。隨著時間會慢慢發現，有時問題在於，尼可拉斯太少提問了。

　　若情緒波尚未平穩，亞絲特麗會感到不滿，並想馬上做出回應。他們都經常沒有耐性，但隨著時間，他們仍越來越親近，逐漸能享受共處的時光。

　　在第二次的諮詢後，也確認他們先前提出的問題獲得了良好的改善。對於自身與他人設計的認識不僅改善了感情問題，連帶挫折感也消失了，取而代之的是滿足感。

🎯 人類圖，愛、關係與性的案例

伴侶諮詢案例：傑拉德與伊麗莎白

- 傑拉德與伊麗莎白才在一起沒幾年
- 兩人之所以前來諮詢，是因為伊麗莎白經常情緒極度低落，而傑拉德快要無法忍受了。伊麗莎白是情緒型權威的生產者，而傑拉德是薦骨型權威的生產者

透過「你們是怎麼在一起的？」的問題，很快就能發現，這段關係並不符合兩人各自的類型。

傑拉德的態度直接了當（如「我想和你發生關係」）；伊麗莎白則是典型的情緒人，永遠想立刻回應，並答應對方。

在與傑拉德相處時，伊麗莎白總是感到挫折，因為她會把工作的壓力帶回家，而且無法掌控情緒。長時間下來，這使她感到情緒低落。

傑拉德的情緒中心是開放的，因此接收並放大對方釋放出的情緒。對於這樣的生活，他已經快要無法忍受了。他因此搬到了客房睡，投入工作逃避現實。傑拉德說，當伊麗莎白抓狂時，他會把客房的門鎖上，直到她冷靜下來。

第一次諮詢時就很明顯看出，傑拉德沒有準備要對這個問題進行長期抗戰，也不積極提問；他已經受夠了這一切。在諮詢時，他總是以一個局外人的立場，希望伊麗莎白能不要這麼有侵略性，

並想結束這段關係。

　　伊麗莎白決定，之後要獨自諮詢，並面對自己情緒波的問題，如此一來也有利於之後的感情關係。因此她學會了等待情緒波結束，並聆聽薦骨的回應。

　　依據我們伴侶諮詢的經驗顯示，若兩個類型相衝突的人在一起，分開就是最好的解決方式；因為要擺脫其中產生的挫折感幾乎是不可能的。

　　即便如此，許多人即使對人類圖毫無概念，仍會經營一段正確的感情關係。

02

顯示者

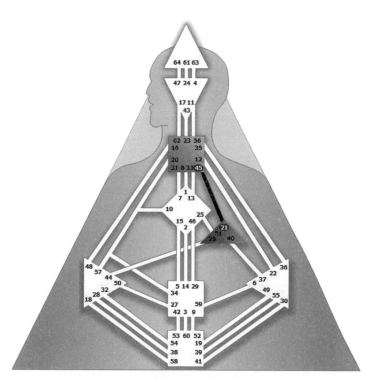

顯示者的人類圖

特性	開放的薦骨中心，喉嚨中心連結動力中心
類型	能量類型
生存策略	告知
非自己主題	憤怒
能力	執行力
人生疑問	我有什麼影響力？
目標	平和
能量場	封閉與抵禦

關於顯示者

　　喉嚨中心直接或間接連結動力中心（情緒中心、意志力中心、根部中心）且薦骨中心空白的人就是顯示者，占全球人口 8%。

　　顯示者總能發起行動或說話，不需要等待外在的提問，想到什麼就做什麼，無論是想開一間店，或只是想買個東西。這種「做就對了」的態度常常會與他人產生隔閡。他們能意識到，周遭他人並不支持自己的想法，甚至完全反對。有人覺得顯示者無可限量，也有人討厭顯示者。

　　有時，顯示者只是想洗個澡，也會有人問他「你要去哪裡？」或「你要幹麼？」由於需要不斷與他人溝通或解釋，因此可能會導致他們非常不耐煩。這種「總有人跑出來阻止自己」的感覺，令他們感到憤怒。他們不明白，為什麼其他人會有這麼多疑惑和問題。如果他們從不生氣，可能是已經放棄抵抗，或放棄做自己真正想做的事。當然也可能是他們總把怒氣往肚裡吞，甚至連自

己都沒有察覺。

　　對一個穩定的組織（家庭或公司）來說，顯示者的不可預測性是很大的威脅。有時會讓人感覺，自己對顯示者來說並不重要，因此有人會試圖控制顯示者，但當然沒有用。

　　這就是顯示者所處的遭遇，當人們無法事先知道顯示者接下來要做什麼時，就會發生這種狀況。顯示者的任務是，告知人們（如伴侶、同事或父母）自己心中所想的事。這是一種手段，也就是說，**雖然你不想這麼做，但為了人際關係，你必須這麼做。**唯有如此，其他人才能對你產生信任感。你現在可能會想：「這方式一點用也沒有，永遠都是我在解釋。」這想法代表：「沒人可以阻止我、沒有人有權質疑我。」只要你願意敞開大門，一切問題都能夠解決。你要告知的，便是所有和你決定有關的人們。

　　謹慎行事與分享訊息根本不是你的關注重點，所以對你而言很難做到。也因為很難做到，所以需要練習。花點時間練習，你便能夠發現，在行動過程中，遇到的阻礙會大幅減少。

　　練習案例如下：

- 向伴侶說：「我出去買個東西。」
- 向同事及主管說：「這個案子我來處理。」
- 甚至很微不足道的小事，例如：「我去一下其他部門。」或跟打掃阿姨說：「我要去度假，會有三週不在家。」

這麼做，產生的結果會讓你和周遭的人和平共處。

但切記，這麼做並不是要向他人尋求同意。

然而，同樣的情形發生在孩子身上，便會有所不同。若你的小孩是顯示者，則要教導他保持禮貌與尋求同意；身為家長，必須對禁止或限制事項做出合理的說明。如此一來，小孩便能從小學習，依照顯示者該有的方式行動，降低遭到拒絕或反對時的不愉快。若小孩到了青春期，甚至成人後才開始學習如何告知，只能改善表面上的告知方式。

2-1 顯示者的能力

在社會中，顯示者有很大的發起能力，他們經常積極行事，屬於行動派。他們能夠輕而易舉地將自身能力付諸行動，因此他們很難，也不應被他人控制與限制。

由於不受控，他們經常受到他人厭惡，因此常有對立情形產生。雖然顯示者不需要他人的激勵，便能獨自行動，但他們本身的能量只是個「小引擎」，因此持久度並不理想。有時，他們事情只做到一半，其他人還必須善後。顯然，這是顯示者需要改進的地方。

對此，關鍵在於是否有做到「告知」這件事。許多顯示者很討厭告知他人，因為他們認為，這樣一來自己的工作就被打斷。要打斷顯示者工作，基本上是不可能的事。

　　若顯示者根據自己的人生策略進行告知，心裡會產生憤怒，因此可能觸怒他人、與他人產生衝突、受他人阻止（由於事先告知）、被拒絕，甚至為自己心裡的不滿感到沮喪。

　　若顯示者有勇氣面對這些挫折，身體力行告知他人，才能擁有平和的人生。

2-2 顯示者的愛與關係

　　在一段關係裡，告知也是重要的課題，無論是要展開或結束一段關係。顯示者該告訴對方，自己要的是什麼。若想正確地展開一段關係，顯示者就必須踏出第一步。

　　在這件事上，積極就顯得很重要，即使仍有可能遭受拒絕。這意味著，**即使顯示者擔心被拒絕，仍該說出自己內心的想法。**在真正地學會了告知後，這種擔憂就會逐漸消失；因為告知已成為自己的習慣。在了解到自己與他人無異後，便不會有被針對的感覺。因此即使被拒絕，也不會太過受傷。

　　顯示者常會覺得，自己必須扛下所有的事，即使在感情中也一樣。因此，直接詢問就很重要，例如：「我很喜歡你，想和你在一起。你考慮看看，再告訴我你的想法。」或「你願意和我在一起嗎？」

　　對女性來說，會比較困難，因為不是被追求的角色，而是主動告白；但唯有如此，才能進入並展開一段感情。無論是展開或

結束一段感情，告知都扮演了重要的角色。能夠安撫他人，進而降低反抗。

為了擁有健康的感情生活，顯示者幾乎需要告知伴侶所有大小事；小至出門買東西，大至買房。

至於與其他類型的人的互動，之後說明。由於顯示者的能量場是封閉與抵禦的，其他人會因此認為，跟其他類型相比，顯示者難以親近。

2-3 顯示者的人生疑問

「我有什麼影響力？」

在做決定或告知他人前，你需要仔細推敲這個問題。因為在數百年前，顯示者屬於典型的領導人特質，他們當時所做的決定甚至影響到了現代。

若顯示者能做出正確的決定，便會對自己的影響力感到訝異。這種強大的影響力，有時甚至連自己都不自知。

重要的是，你要清楚知道，**身為顯示者，你對於他人能產生什麼樣的影響**。然而，這種定義往往模糊不清。若能採取正確行動，顯示者不僅能發覺自己真正的影響力，還能獲得他人的支持。你必須明白，自己會對他人造成什麼影響。

察覺誰會受到自己的影響或接受自己的告知，是一個很好的檢驗方式。告知是一種對於周遭他人的尊重，藉此展現自己較親

和與可信賴的一面。

　　顯示者像是一匹孤獨的狼，喜歡一個人靜靜地做自己的事。然而，當他們做了一件事，便希望這件事能產生影響力。

 顯示者的內在權威

情緒型權威

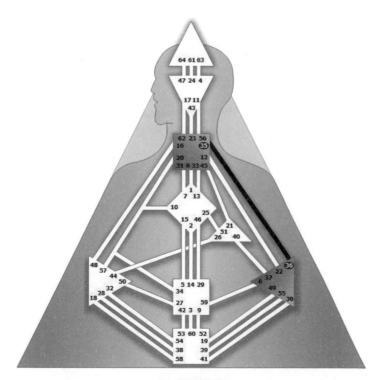

情緒型權威

情緒中心定義的顯示者，往往行事衝動，因此耐心就顯得特別重要，因為這並非他們的強項。最理想的情形是，要等待情緒波結束，不再感到焦慮時再做決定。若要做出重大的決定，最好先睡一覺，等待情緒平穩。

對情緒中心定義的顯示者來說，是相當困難的事，因為他們的特質就是做事敏捷，這與他們的內在權威有所衝突。然而，唯一能緩和情緒的就是時間。**只有不再感到焦慮，才能做出正確的決定。**

顯示者常常想要立即行動，因此對於做決定會感到有壓力。對於情緒型權威而言，這是一個有待克服的難題。

若你在情緒波結束前，就先告知他人，便無法反映自己真正的想法，甚至之後還會因此感到憤怒。當然，你無法預知自己未來會做出什麼樣的決定。**唯一能做的，就是堅持並等待情緒波週期走完，以盡量避免衝動行事造成的負面結果。**

直覺中心權威

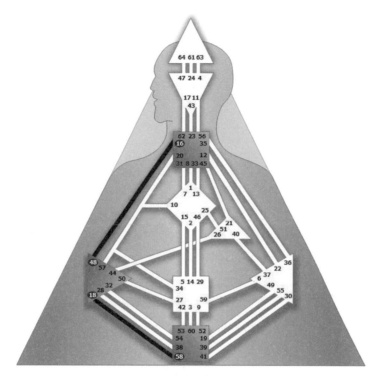

直覺中心權威

　　透過直覺中心做決定，代表要注意身體的反應。這種反應很
明確，但通常很短暫，而且只會出現一次，也就是人們常說的「內
心一閃而過的直覺」。這種反應會在行動前出現，必須向周遭他
人進行告知。

意志力中心權威

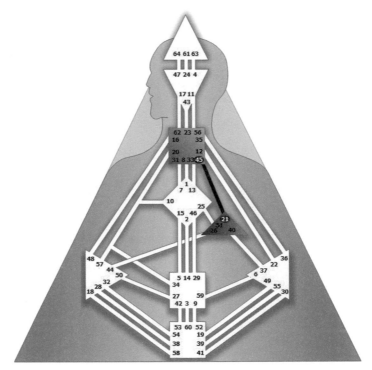

意志力中心權威

　　若透過意志力做決定，會有「我現在要這個」的感覺，由於意志力是動力中心，因此能產生能量。

　　對於意志力中心權威而言，這是唯一的引擎，因此能夠明顯被察覺。在做出決定後，你必須在付諸行動前，先告知他人。

2-5 顯示者的實踐

對於顯示者而言，**實踐代表了「告知」，之後才是行動，以實現自己想做的事**。這並不是件容易的事，因為他們從小就養成了被局限的行為習慣。若能意識到，沒有人能夠阻止自己，就能感到鬆了一口氣。

顯示者就是為了推動計畫所設計的類型。在理想情況下，他們會將工作交付給生產者，進一步實踐計畫。若他們堅持自己繼續執行，且不願意將工作交付他人，可能會因此工作到不知節制。他們可能會變成工作狂，時間管理與個人生活都會亂成一團。

唯有真正回到內在權威與策略做決定，而非透過頭腦，顯示者才能擁有自己期望的平和人生。他們能藉此獲得影響力，並順利地推動工作進行、展現高效率。

顯示者的伴侶諮詢

🌀 人類圖，愛、關係與性的案例

案例：芭芭拉

芭芭拉是顯示者，她在一間大型企業擔任區域負責人。由於她接手一項專案後，人事調動頻繁，主管因此建議她接受管理訓練，以降低成員的調動率。芭芭拉對此感到相當不滿，因為無論她怎麼做，總會有人批評她；甚至在前一份工作時，連會計都曾向她的主管表示不滿。

芭芭拉無法理解問題出在哪裡。她不想為大家帶來麻煩，但彷彿只要她一開口，就注定會帶來災難。之後，一個對人類圖有研究的朋友告訴芭芭拉，人類圖很有參考價值，因此前來諮詢。

每次只要前來諮詢的人是顯示者，我們都會感到相當訝異；因為這些人總是認為，自己不需要協助，而且所做的一切都是適當且正確的。會驅使他們前來的，往往是強烈的外在動力（例如錯失升遷機會），才會讓他們願意檢視自己的人生。顯示者通常只想做好自己的事，也不願被影響或被控制，因此總是對各種資訊抱持著懷疑的態度。

我們向芭芭拉說明她的類型，並解釋她是情緒型權威的顯示者，不僅要向他人告知，也該等待情緒波結束。然而，她對於這

樣的說明感到憤憤不平，並說：「我已經告訴其他人我要的是什麼了；無論多說什麼，我得到的答案永遠是『這樣行不通』或『我們以前不是這樣做的』。我才是主管，我說了算，沒有第二句話！」

從諮詢過程可以很明顯看出，沒有人能夠阻止芭芭拉執行計畫。然而，她就算不願意踩煞車，也必須告知他人自己正在執行的工作。雖然看似違背顯示者的天性，但從社會或團隊的角度來看，這是必要手段。**顯示者只有向周遭他人告知，才能夠獲得所需的平和。**

我們第一週給芭芭拉的任務是，在每天向周遭他人告知自己要做的一切，例如：要到茶水間泡茶，就向同事說：「我去茶水間泡杯茶。」就算是經過祕書身旁，也要做同樣的告知。所有接收到同樣訊息的人，都會受到告知。然後，她試著刻意有一天工作時，不告知他人，看看會有什麼影響。

如同大部分的顯示者，儘管芭芭拉認為，告知根本無助於事，仍願意嘗試。當然，她為之後明顯的成效感到相當訝異。第二次諮詢時，我們仍將重點擺在與他人的互動。

芭芭拉當時單身，但有一個心儀的對象，而告知在情感關係裡同樣重要。也就是說，她必須踏出第一步，主動向對方表明心意。這需要很大的勇氣，但為了獲得一段正確的關係，仍是必要的。

在工作上獲得成功後，芭芭拉開始有了自信。她向心儀的男人說：「我想和你在一起，希望你能告訴我你的想法。」雖然對方在第一時間嚇了一跳，但芭芭拉的決定顯然是正確的；因為他

們後來不僅在一起，還結婚生了小孩。

🔍 人類圖，愛、關係與性的案例

案例：辛格倫

辛格倫是顯示者，也是名諮商心理師，主要服務的對象是經歷過意外的孩童。她非常喜歡自己的工作，也喜歡與孩子互動。儘管辛格倫有個結婚 20 年的丈夫赫曼，卻無法在這段婚姻中獲得快樂。事實上，她從未在其中感到快樂。赫曼總是抱怨，家事都是他在做，而她付出得太少。

辛格倫曾提議請個打掃阿姨，但赫曼不願讓陌生人進入家門。因此辛格倫感覺到，赫曼想要掌控一切，而她無法做自己想做的事：「有一次，我下床，要去上廁所，他竟然很認真地問我要去哪裡。」

有個剛上完人類圖初階課程的朋友告訴她，沒有人能夠控制顯示者。只要告知他人自己打算做的事，就可以獲得平和。

這位朋友說：「把積壓已久的不滿釋放掉後，你就能夠獲得所需的平和。」然而，辛格倫對此感到不安，因為她怕釋放不滿後，事情會一發不可收拾。

由於抵禦的能量場，顯示者對於他人的不滿經常是相當強烈的。然而，只要願意告知，情況便能改善。看看這個案例中，請

打掃阿姨的這件事；如果辛格倫願意告知，她可以說：「我想請個打掃阿姨，讓她每週四來打掃四個小時。這段時間你在上班，但我在家。」

沒有人能夠阻止顯示者，只有他們能夠阻止自己；尤其當他們感到所有人都想控制自己時，更容易如此。「或許有一天赫曼受不了，就會提出離婚，我真心希望能夠如此。」辛格倫說，但她的朋友告訴她，這不是個好決定。因為她是顯示者，如果想離婚，也該是由她主動表明與告知：「你雖然進入了一段錯誤的關係，但至少能夠正確地離開，找回屬於自己的平和。」

辛格倫知道，離婚的決定權在她的手上。她必須告知丈夫，自己想要離婚，但這令辛格倫感到相當恐慌，因為她害怕面對衝突。然而，若她選擇迴避而不告知，一場災難就在前方等著她。

在經過多次諮詢後，辛格倫了解到告知的重要性，並決定要與丈夫離婚。赫曼知道，即使自己不願意，仍無法改變辛格倫的心意。他因此感到相當難過，卻也明白，兩人的關係從一開始就不是由他所決定，而是因為辛格倫。然而，這次他感到輕鬆許多，因為辛格倫終於願意表明態度，讓一切都趨於明朗。

投射者

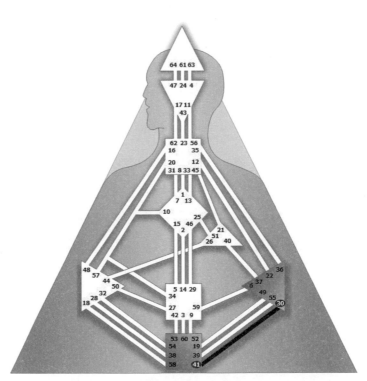

投射者的人類圖

特性	開放的薦骨中心
類型	非能量類型
生存策略	等待被邀請
非自己主題	苦澀、怨恨
能力	管理、引導、領導
人生疑問	你是誰？
目標	成功
能量場	聚焦

關於投射者

全球約有 21％的人是投射者；其薦骨中心是空白的，而喉嚨中心沒有連結小引擎（意志力中心、根部中心、情緒中心）。投射者具備領導力，任務是管理、引導與領導不同的能量類型（顯示者與生產者）。若要他們在工作上賣命，絕對會是一場惡夢，因為投射者沒有可供長期使用的薦骨能量。若生產者出現在周遭，他們在獲得邀請之後，便能運用此能量。**不同的投射者依據自身天性，會擁有特定的能力，而他人往往會比他們自己更早識別這種能力。**這代表，投射者需要獲得他人的邀請，但「等待被邀請」的策略對他們而言，只涉及到重大決定，如工作、升遷、感情或搬家，對這類議題，等待被邀請就很重要，否則便會遭遇失敗。被邀請的可能性有許多，例如：「你可以幫我們處理或規劃這個專案嗎？」與「我想請你吃個飯，可以嗎？」必須是針對投射者個人提出邀請，否則不該做出任何肯定的回應。

在日常生活中，內在權威會為你提供答案，會讓你有受到歡

迎的感覺，是否感到自在與有動力，是重要的指標。若你感到吃力，那就不是正確的決定。

3-1 投射者的能力

投射者在獲得邀請後，能引導與領導他人。你或許會認為，別人不可能總是邀請自己，但這種想法會使你陷入投射者的困境；若是認為，自己不積極，別人就不會邀請你，進而自發行動，在沒有受邀的狀況下，只會讓你被拒絕。不僅無法獲得肯定，還會遭受挫折。

投射者總是眼觀四方，能輕易看透他人。然而，請不要向他人隨機運用這種能力，只要靜靜等待他人的邀請。在獲得邀請後，他人會很樂意接受你的提案或建議。此外，在沒被詢問的情況下，最好不要將所獲得的訊息透露給他人，否則會立即迎來抗拒。

很多投射者擔心，自己會收不到邀請。然而，若自發行動，只會不斷被他人拒絕。因此投射者會感到不解，自己明明是一片好意或計畫周全，卻總是不順利。此外，事情搞砸的唯一原因，就是在接受到邀請後猶豫不決。當他人肯定了你的能力，你就能成功進行管理、引導與領導，並從中獲得成功。

然而，你不必接受所有的邀請，只要**回到內在權威，就可以決定，哪些邀請是你真正需要或想要的**。只要是針對個人且受到尊重的邀請就行，不一定要透過口頭邀請。重要的是，你能耐心

地等待受邀。若伴侶邀請你和他一起買房子，不一定要選擇第一間看中的房子。在選擇房子上，你也同樣要收到入住的邀請才行。

　　請讓自己保持在準備受邀的狀態；你一旦獲得了邀請與肯定，就是獲得了管理與運用他人能量的許可，並能將效率最佳化。請嘗試看看，若一切順利，成功就是你將獲得的獎賞，且過往的苦澀感也會大幅降低。**投射者是未來的領導人，負責管理新秩序。**由於他們的目光總是向外，並能夠準確地評估他人，對他們而言，引導他人不是件難事。

　　開放的薦骨中心像是一面鏡子，能夠放大來自定義薦骨中心的能量。你可以藉由開放的中心獲得能量，並放大。你或許會認為，這種創造力是來自於自己，但千萬不要不知節制，只要藉此學習就好。重要的是，你要能夠知道，什麼時候該適可而止。

　　投射者能夠看出不同人的能力，以及他們各自的能量，並進行引導。他們與生產者有絕佳的互補性，因為投射者需要肯定，而生產者需要指引，兩者都無法獨自完成工作。

　　投射者像是有強烈學習動機的學生，想了解不同的體系，進而認識不同類型的人。投射者不該以常規模式工作，因為他們沒有自己的薦骨能量，因此該以最有效率與效能的方式工作。他們的角色與任務是，透過正確的問題引導不同的能量類型。這也代表投射者需要學習，例如：向生產者提問後，生產者會發出「嗯哼」（肯定）或「呃……」（否定）的薦骨回應。答案若是「嗯哼」，則會產生受引導的能量。

　　投射者是有效能量互動的專家，他們會透過了解他人，組織

一個高效率的團隊合作。投射者在做出決定後，便會對受到邀請的事項產生義務。因此，對於長遠的決定，例如：工作、感情與搬家，都需要深思熟慮。只有回到內在權威與策略等待被邀請，才能做出正確的決定；但要注意的是，**一旦決定受邀後就不容易離開，而對方事後收回邀請也是有可能的事。**

投射者具備聚焦在正確對象的能力，並能影響他人的生活模式。生活模式不只有工作，還有休閒娛樂。投射者知道各種可能性，能為他人的生活品質帶來影響。對投射者而言，他們真正在意的是，讓一切運作起來暢行無阻。無論正在進行的是什麼，都要讓事情進行得順利，毫無阻礙。若當下的狀態並非如此，就是他們出手的時候了。

然而，當投射者沒有受到邀請時，該做什麼呢？只要照過原本的生活，並將日常工作減至最低就行了。

要求投射者跟一般人過同樣的生活才是該擔心的，由於超過70％的人都是生產者，投射者有時也會嘗試他們的生活模式。然而，**他們會過得比生產者還要加倍積極且有效率，但也因此讓自己過勞。**

3-2 投射者的愛與關係

如前文所言，讓自己獲得邀請並受到肯定相當重要。

要進入一段正確的感情關係，投射者必須受到尊重且正式的

邀請。對方必須要肯定他們的特質與能力。當然，他們受邀進入一段關係，也能被請離一段關係。等待一個正確的對象並不容易，若在孩童時期經歷獲得肯定的感受，成人後也比較能辨識對於自己的肯定。

透過對於他人的興趣，投射者也能為對方帶來合適且正確的生活模式。即使在一段親密的關係中，對投射者來說，單獨自己睡比較有助於恢復體力。

求婚儀式就是典型與生產者互動的邀請模式，生產者需要被詢問：「你願意……嗎？」投射者則需要被邀請：「我可以邀請你進入婚姻關係嗎？」

若投射者進入一段不正確的關係，很快就會嘗到苦頭。有時生產者與投射者的角色會對調，由後者進行工作。然而，這只有和生產者的關係下才會發生。

有時，在一段關係中會出現依賴的問題。投射者有時會相當享受他人定義中心為自己帶來的能量，因此無法下定決心擺脫一段錯誤的關係。除非對方提出分手的邀請，或收到進入另外一段關係的邀請時，才能成功擺脫一段錯誤的關係。

3-3 投射者的人生課題

「你是誰？」

投射者總是對他人倍感興趣，好奇他人的行為、生活態度與

方式。對投射者而言，了解他人是一項重要的課題，因此他們會不斷尋找方法與技巧，以達到這個目的。他們會研究並學習如何與他人良好互動。認識新的人對他們而言，也是比較輕鬆的途徑，來學習新知。

投射者成功關鍵在於，他們是否與正確的人在一起。正確的人指的是，能賞識他們個人價值且願意提出邀請的人。然而，投射者必須了解，不是所有人都能夠認同自己。從規則來看，這些不認同你的人，對你而言不是對的人。**只要繼續過自己的生活，總有一天會遇到願意認同並邀請自己的人，而那個人就是對的人。**

投射者的內在權威

投射者的內在權威有許多不同的種類，個別發揮重要的作用。因此，在此提供一個概略的介紹。

情緒中心權威

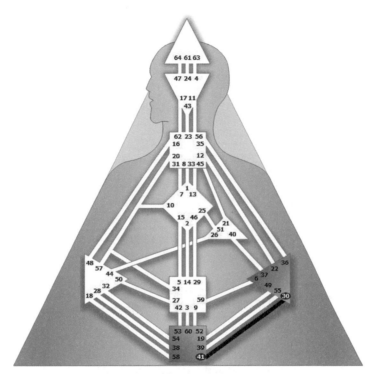

情緒中心權威

　　隨著時間流動，等待情緒清明後，就可以接受他人的邀請。

　　若投射者的情緒中心為定義，作用上與生產者完全不同。他們需要等待情緒波結束，並數次收到尊重且正式的邀請，而這需要時間。尤其經歷了漫長的等待，許多人都會等不及，想要立刻答應對方的邀請。

　　然而，這就是問題所在。**只有等待情緒波結束再回覆邀請，才能夠做出正確的決定**。當情緒波位於高峰時，一個普通的邀請，聽起來都有可能極度誘人；相反地，當情緒波處於低點時，同樣的邀請可能會令你煩躁。由此可見，隨機或立即做出回應，絕對不是好的方式。你至少先睡一覺，讓自己恢復平靜。當然，最好能等到情緒波完全恢復平靜，你也不再感到興奮或焦慮。

直覺中心權威

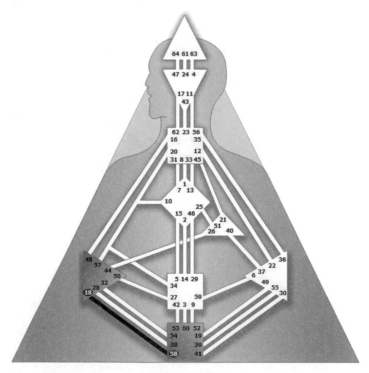

直覺中心權威

直覺中心權威的投射者，可以在此時此刻接受邀請。

透過直覺中心做決定，代表要留意全身的反應。這種反應是短暫、清楚且明確的，但只會出現一次，因此被稱作直覺。

意志力中心權威

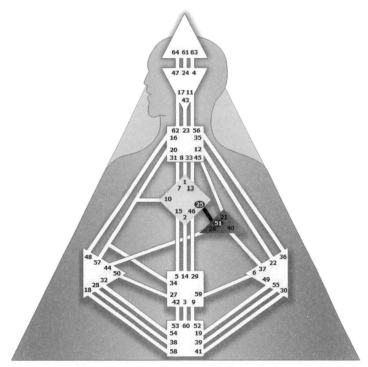

意志力中心權威

只要有意願，就能接受對方的邀請。

你會透過自己的意志力做決定，並感到「我想接受這個邀請」，因為意志力就是你的引擎，能量啟動後，會提供動力。意志力中心權威意味著，決心是唯一的引擎，因此感受往往相當明確。

G 中心權威

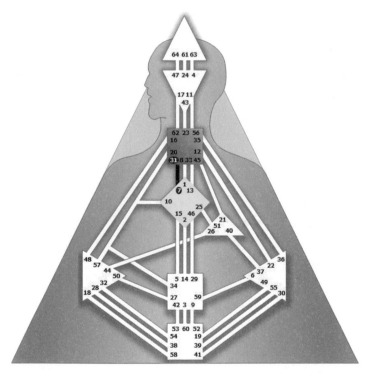

G 中心權威

　　透過訴說與體驗做決定的過程。

擁有 G 中心權威代表，說出你心中的決定相當重要。若當下沒有人可以訴說，那麼你可以去森林裡散步，同時與自己對話。傾聽自己心裡的聲音，並了解自己的所求是很重要的。

頭腦型投射者

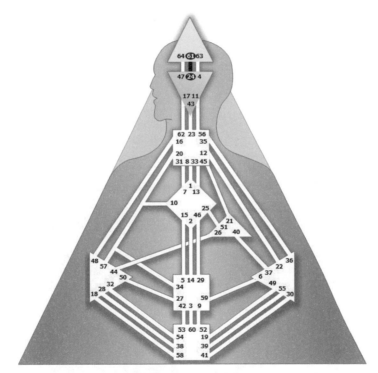

頭腦型投射者無內在權威

頭腦型投射者需要與他人互動，再做出決定。

頭腦型投射者最上層的兩個或三個中心，即頭腦中心、邏輯中心與喉嚨中心是定義的。對於頭腦型投射者而言，做決定是很困難的事，因為他們是透過開放的中心獲取他人的能量。他們一開始並不知道，頭腦不是自己的內在權威。若要做出正確的決定，他們需要他人的協助，也就是必須透過與他人交流做決定。

3-5 投射者的實踐

對投射者而言，實踐代表管理、引導與領導。也就是說，他們需要等待他人的邀請，再透過內在權威做決定。這種策略僅適用於人生中重大的決定。

⟠ 人類圖，愛、關係與性的案例

- 馬可是頭腦型投射者，約 50 歲。他之所以前來諮詢，是因為妻子想要離婚

他正在尋找一段新的關係。他經營一間獲利可觀的公司，經濟上相當獨立，因此可選擇對象的範圍相當廣。

然而，他總是認為自己在感情中被利用了，且對方不是正確的對象。

　　當諮詢顧問向馬可說，他必須要耐心等待他人邀請時，他非常生氣地說：「這個世界不是這樣運作的！」

　　然而，諮詢顧問繼續解釋：「即使你認為白雪公主已經上門了，也要把對方請回去，並告訴她，讓你好好思考一下。」當下聽完這番話時，馬可不認為這種方式適合他。

　　由於投射者總是對於新鮮的事物感到好奇，想知道那是如何運作的，因此馬可還是決定要嘗試看看。

　　三個月後，馬可主動致電諮詢顧問，說自己嘗試了等待邀請的方法。問題是，他獲得了太多邀請，不知道自己該接受哪一些。接著他開玩笑地說，自己過了30年的婚姻生活，卻不知道如何選擇一段正確的關係。他為諮詢提供的建議表達感謝，並認為確實感受到生活有明顯的改變。

投射者的伴侶諮詢

🌀 人類圖，愛、關係與性的案例

• 班恩德是 45 歲的直覺型投射者

班恩德有個生產者妻子，叫克內麗雅；當初是他邀請對方進入這段關係的。意思是班恩德向克內麗雅提出過多次邀約，並在一段時間後表明心意。

3 年後，班恩德意識到，自己無法從與克內麗雅的相處獲得快樂。對克內麗雅而言，生活中最重要的是工作，接著是原生家庭，之後才是班恩德。由於對投射者來說，要退出一段關係相當困難，班恩德因此花了 7 年的時間，才決定離婚，而動力是來自一名新認識的女性。

然而，他之後也邀請了這名女性進入關係，只是這段關係充斥著財物損失與挫折感。當班恩德前來諮詢時，他在這段關係中感受到與過往同樣的苦澀，並認為自己已有年紀了，不適合再離婚。在諮詢過程中，很明顯可以發現，班恩德若不採取改變，這輩子都將在苦澀與埋怨中度過。最好的解決方式，就是讓自己獲得進入一段關係的正式邀請。

04

反映者

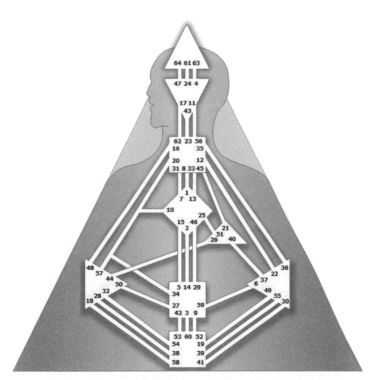

反映者的人類圖

特性	所有中心皆為開放
類型	非能量類型
人生策略	等待 28 天
非自己主題	失望
能力	反映周圍環境
人生疑問	我處在什麼樣的環境裡？ 我今天是誰？
目標	驚喜
能量場	體驗型

關於反映者

全球只有 1% 的人屬於反映者，他們是非常獨特的存在。從人類圖中就能明顯看出，反映者所有的能量中心都是空白的。經由月循環週期，他們能做出自己的決定。在 28 天的月循環週期裡，他們的潛力是受到月亮啟發。月循環在他們的決策過程中扮演了重要的角色，尤其是重大的決策。對反映者來說，重要的還有與人互動與交流。最好的情況是，**在 28 天中與不同人針對特定的主題進行交流，之後再做決定。**

假設你受邀進入一段關係，則應該花時間與不同的人討論各種面向的優缺點。請仔細思考，對方的環境是否能使自己感到自在？他的朋友類型與他們的互動模式為何？由於你是反映者，不能只考量伴侶關係，還必須思考對方完整的生活圈；你會反映出

對方生活周遭的一切。28 天後,你就可以決定,是否該進入這段關係。

　　若你是反映者,遵循自己的的策略生活,便能將可能會遇到的挫折降至最低。若想更了解自己或合適的決定策略,我們會建議你參加課程或讀書會。因為對你而言,每個能量中心都很重要,而且都有可能會被他人影響。

 反映者的能力

　　然而,反映者的特徵到底是什麼?身為反映者,**你就是一面能夠反射周遭環境的鏡子,可以明顯察覺他人的感受**。無論你的職業是什麼,都擁有這種天賦;你的血液裡流動著客觀性。透過開放的中心,你會放大他人的情感。如此一來,即使有時你會感受到或呈現出強烈的情感,卻並非來自自己,那只是反射周遭的環境。你位於該環境中,也能明白來源是群體中的哪個人。

　　你不僅知道來源,還會支持他們的獨特性。這是反映者所需要的驚喜,能使生活中的需求獲得滿足。反映者非常能夠適應環境,因為他們若無法辨識環境,就會讓自己受到影響。你必須要意識到,自己是反映者,也就是一面反映身處環境的鏡子,而且這會定義你的生活。因此,你必須要能判斷,周遭他人是否對你能產生正面的影響。

　　若你能認識自己的設計,便能保護自己不受他人的負面影響。

4-2 **反映者的愛與關係**

反映者可以明顯感受到並反映出他人或家人的情緒；他們會使難以察覺的感受浮上檯面，無論是好是壞，都會加以放大。然而，不管在一個議題上的感受是正面還是負面，你都不該藉由這種感受來認識自己，並要能意識到，那是來自於伴侶的反射。**不要將對方的感受看作是自己的一部分，對反映者來說，會是比較健康的方式。**

反映者必須學會，不要將自己所感受到的他人情感視為自己的問題。然而，與一大群人相處，對反映者來說仍是好事，因為他們能在其中獲得所需要的驚喜體驗。若要做決定，請給自己一點時間，即使他人已經沒有耐心，不斷催促也要堅持。只有獲得他人的尊重，反映者才能夠找到真正屬於自己的生活圈。

 4-3 **反映者的人生課題**

「我處在何種環境裡？」

「我今天是誰？」

在這裡，我們將環境與行星過境的影響分開來看，而行星過境比較重要。這衍生出了一個問題：「我今天是誰？」由於行星過境每天都在改變（例如月亮一天至少行經三個閘門），因此做決定的答案可能每天都不同。

反映者不僅不像生產者對自己有興趣，也不像投射者對他人有興趣，更不像顯示者想獲得影響力。反映者只想知道「我現在是誰」，因為在一天中，所有地方的條件都會為自己帶來影響。然而，透過體驗型的能量場，他們也不如其他類型那樣容易受到傷害，因此又稱為「鐵氟龍能量場」（Teflon-Aura）。遇到外在危機時，反映者也會變得情緒化或加大說話音量。但在離開當下的環境後，他們可以像狗兒一樣，甩掉身上的水，毫髮無傷地繼續前進。

 ## 4-4 反映者的內在權威

反映者沒有內在權威。

在 28 天的月循環週期間，他們會與他人交流。透過這種互動，他們能為自己做出決定。

若要徹底了解自己，我們建議你參加人類圖的課程。

 ## 4-5 反映者的實踐

請以開放的態度接受他人為自己人生所帶來的驚喜，而這就是讓你與眾不同的關鍵。反映者常對世界感到失望，因為他們認為，自己只是一面反射他人情緒的鏡子。透過這面鏡子，他們為

自己做出人生決定，但這種想法可能會使他們迷失自我。這種能力的好處在於，能夠讀懂他人，**因此反映者在團體中會站在比較邊緣的位子，使自己不失客觀，並認識多樣性的重要。**

　　反映者非常需要獨處的時間，以便離開他人的能量場影響。請留意自己的獨立性；你該關心的問題是：「我處於正確的環境中嗎？」生活會自己向你證明，哪些群體或場所對你而言是正確的。你就像是地震儀，只是偵測的不是震度，而是環境舒適度。環境所帶來的影響早在孩童時期就已出現，它會令你健康或生病、開心或難過。

　　你不需要緊抓著特定的人，只要好好享受他人隨時為自己帶來的驚喜就好。即使在月循環週期間會不斷受到他人影響，你仍該學會辨識真正的自我。你可以踏入一個新的環境，並反射環境所帶來的情緒，但不要讓自己因此被定義。

4-6　反映者的伴侶諮詢

🜚 人類圖，愛、關係與性的案例

• 可惜在我們的諮詢經驗中，沒有遇過太多的反映者，這裡只能提出一個案例

　　漢斯諮詢的原因是，他覺得自己無法保持忠誠，因此婚姻中經常出現危機。他結婚 15 年了，而這次妻子說了重話：如果他再外遇一次，就要離婚。他覺得自己該尋求協助了。

　　漢斯在諮詢過程中提及，自己常有短暫的婚外情，而妻子多數沒有察覺。不知道為什麼，他覺得這種關係是他所需要的，但不想離婚，因此不知道該如何是好。

　　在諮詢過程中不難發現，反映者總是喜歡驚喜。問題在於，什麼樣的伴侶能提供驚喜？若漢斯能在感情中反映出自己喜歡的情緒，那麼他就能滿意地置身於這段關係中。他之所以會發展出複雜的情感關係，就是因為那份對於驚喜的渴望。若他在婚姻中無法獲得那份驚喜，就會到其他關係中尋找。

　　如果漢斯能理解反映者的運作模式，就能比較釋懷，也不會把一切都怪罪於自己。能夠認識月循環週期的規律，以及自己在其中扮演的角色，能為他帶來些許幫助。

第 3 章

不同類型的關係組合

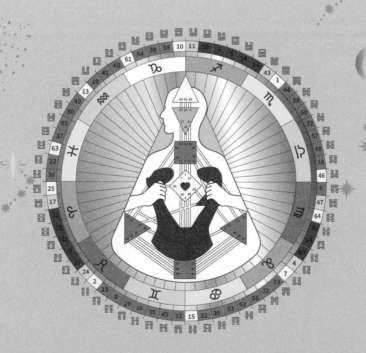

若從人類圖的角度看感情，兩個相同類型的人在一起會是最輕鬆的。

　　由於有同樣的設計，兩人很快就能夠理解對方的感受。相同類型的能量能促進諒解，避免誤解與對他人錯誤的期待。

　　若有相同的能量，要理解與諒解他人的感受會比較容易，而在生活中也是如此。兩人會面對相同的人生課題、擁有相同的模式，並提出類似的問題。對方的一切都近似於自己，因此相當清楚可靠。

　　儘管如此，不同的類型組合也可能經營一段成功的關係。確定的是，一開始就讓對方意識到彼此間的不同之處，才能在相處上互相尊重與體諒。

　　不同的類型，對於看待世界與對待感情的方式會有不同，而這與基因設定、各種人生經驗與從小到大所受到的影響有關。

　　如此一來，一個人所尋找的對象可能與自己的父母有相似的定義；因為長年下來已經習慣了那種互動模式。兩個人在相遇後，他們的系統會產生關聯。在理想的情況下，他們會結合並產生能量；在不理想的情況下，會產生排斥與不自在。

生產者與生產者

在這段感情中，兩個生產者需要互相提問，並接受對方的回應、尊重對方的內在權威是首要之務。若生產者回到內在權威，透過薦骨的回應做出正確決定，便能獲得滿意的理想關係。

由於**兩位生產者都有**定義的薦骨中心，因此終其一生**對人生與感情有源源不絕的動能，只是需要透過外部的提問才能啟動。**要維持一段正確的關係，兩人需要為所有事情互相提問。相遇後，有一方可以透過表情與動作釋放出第一個訊息，也可能是具體的問題。

若生產者能夠認識自己的薦骨回應，則在能量被激發時會有明顯的感受。當「嗯哼」的回應出現時，就是明顯的薦骨回應。如此一來，雙方在提出問題後，便需要等待對方的薦骨做出回應。**若有一方（或雙方）情緒中心是定義的，則需要等待情緒波結束，並多次進行詢問與被詢問。**

為了讓人生能夠不受阻礙地繼續前進，也別為了喝一杯水糾結整個晚上，情緒中心定義的人必須了解，有些問題沒有正確答案，例如：「要喝咖啡嗎？」「要吃義大利麵嗎？」「要吃維也

納炸肉排嗎？」「要去散步嗎？」「要去三溫暖嗎？」

儘管如此，若能在點餐前稍微考慮一下，或把菜單看兩遍，仍是好的。**所有對於感情做出的提問，之後都會獲得對方薦骨中心的回應**，例如：「你願意和我在一起嗎？」

即使對方做出了說明，並不代表提問就完成了。有些問題像：「你今天想和我上床嗎？」「你準備好要有孩子了嗎？」「你想和我同居嗎？」「你想吃奶油麵包嗎？」等都需要薦骨的肯定回應，否則即使對方口頭上答應，也會沒有能量可以執行。

切記，**問題不要以「你要……」的命令語句開頭**。即使兩人已經在一起了很長的時間，不表示可以不再提問。生產者一生都需要外部的提問，以激發自己薦骨的動能。

如前文所述，典型生產者的求婚詞是：「你願意成為我的妻子（或丈夫）嗎？」而對方的回答通常是：「我願意。」生產者必須能夠辨識，自己所做的決定是否正確，因為這會對感情生活造成很大的影響。決定對了，感情就對了；但不是保證，感情中不會出現任何問題。

生產者伴侶發展一段正確關係的方式：

- （多次）向對方提問。

- 等待對方的薦骨做出回應。

- 確認對方薦骨的回應是肯定的。

- 不透過頭腦做決定。

　　如此一來，你不僅不會產生挫折，還能夠過上滿意的人生。

　　若有一對生產者伴侶前來諮詢，通常很快就會發現，雙方的問題出在互相提問上。特別是那些生活中的事，他們往往已經很久沒有互相提問了。在這件事上，他們就像是睡著了，因此會產生挫折感。若他們願意嘗試，通常很快就能意識到對方所釋放出「嗯哼」的回應。有趣的是，在諮詢結束後，雙方會馬上開始思考，該向對方提出什麼問題。

顯示者與顯示者

　　若兩位顯示者想發展出一段感情，彼此的關係必須是平等的。關鍵是要不時告知對方，自己打算要做的事。與生產者不同的地方在於，**他們只需要告知，不需要提問**。直覺中心定義的顯示者比起情緒中心定義的顯示者，更容易發展出與顯示者伴侶的關係，因為後者需要花時間做出正確的決定。

　　顯示者**擁有發起活動的能力，在關係中代表**，他們必須主動與積極。顯示者必須對他人進行告知，換句話說，他們不該等待他人的詢問與邀請，否則便犯了嚴重的錯誤。他們必須主動與積極地走向他人，例如詢問對方：「你願意和我在一起嗎？」或表明：「我想和你發生關係。」

　　這也代表**顯示者必須面對遭受拒絕的風險，理想的情況是，顯示者不會在意**。若顯示者不表明自己的心意，而是等待他人的主動詢問，很容易就進入一段錯誤的關係，而且很難有好的結果。顯示者伴侶必須互相告知自己的想法，如此一來才能夠發展出一段平和的關係。由於平和的生活是顯示者最在乎的，告知是他們無法避免的課題。

　　尤其對顯示者女性來說，主動積極走向男人不是這麼容易。這需要勇氣與嘗試，卻相當重要，因為這是通往一段成功感情的唯一途徑。女性尤其害怕遭到拒絕，這也加劇了她們不願主動告知的傾向。她們往往需要較長的時間，才能不介意被拒絕。屆時她們不僅能夠坦然面對，也不會把別人的拒絕視為有針對性。

　　顯示者關心的議題，永遠是自己是否有影響力，他們的人生就是建立在發揮影響力上。顯示者伴侶可能會試圖影響彼此，都想擁有主導權，但只要能在其中找到自在的平衡點，就是一段成功的關係。

　　若顯示者伴侶可以理解自己的告知責任，就能過上自在與平和的生活，並各自擁有足夠的私人空間。

03

投射者與投射者

投射者必須藉由受邀進入一段關係。若兩人都是投射者，必須互相提出邀請。與投射者談感情時，關鍵是要賞識對方的本質。當有一方是情緒型投射者，需要多次且正式地提出邀請。雙方必須說清楚，在一起時願意接受對方的生活方式。尤其當戀愛的一方是生產者時，會為投射者帶來影響。**應該要彼此相互管理，而不是獨自工作。**

在投射者伴侶互相認識後，重要的是有受邀的感覺。謹慎、尊重、友善並肯定地接近對方是第一步。在他們的感情議題上，**重要的不是誰為第一次約會買單，而是雙方都有受邀的感覺。**

投射者需要成功與肯定；若他們能獲得另一半對於真正自我的肯定，便能夠經營一段成功的感情。對投射者的伴侶而言，最重要的就是對另一伴的肯定，且必須不斷詢問：「你是誰？」

只有這種方式能帶來成功；他們喜歡高台上的視野，喜歡俯視一切、詢問他人：「你是誰？」他們很享受自己的人生，也對這樣的工作樂此不疲。

只是，社會期許並非如此，而是更重視工作與效率，但投射

者不應該如此，也無法做到。

　　由於開放的薦骨中心，投射者不該獨自完成的大型計畫。

　　對投射者來說，重要的不是應不應該生孩子、買房子或修整庭院。他們可以獨自計畫，但不應該獨自完成工作。買房子對投射者伴侶來說是管理工作，至於生小孩最好是投射者有各自充足的生活，並能夠自在生活時再生。

　　若一對投射者情侶的薦骨中心能夠接通，就有龐大的能量可供使用。然而，他們往往也會因此為了工作廢寢忘食而過勞。

　　在工作上需要學習的是分工方式，應該由生產者工作、投射者管理。**投射者該多花時間在引導、領導及自身的生活上。**

04

反映者與反映者

　　兩位反映者會互相反射彼此的環境與行星過境。對這對戀人而言，若能了解哪些特質會在28天的循環後消失，會相當有幫助。由於反映者就像是一面鏡子，雙方的感情也會受到社交與生活環境的影響，因此他們最好能擴大自己的生活圈。

　　兩位反映者在相遇後，為了正確進入一段關係，應該等待月循環週期結束。

　　在此期間，可以把握時間與他人互動與交換想法。28天後，便能做出正確的決定。

　　反映者通常會多生幾個孩子，因為他們喜歡小孩天真無邪的能量場。

　　反映者伴侶建立的關係屬於特殊情況，不常出現棘手的問題，因此很少需要諮詢。

05

生產者與顯示者

　　顯示者渴望平和的感情生活，同時也想要影響對方。若感情中的顯示者是男性那方，則問題較簡單，因為他們希望握有主導權，而這也是常見的感情結構。比起顯示者，生產者比較有工作的動力，而他們也確實熱中於工作。只要能夠正確進入關係，這些都是可以接受且不會產生問題的。

　　生產者與顯示者所建立的關係會比較困難，從他們所釋放出能量的差異就可見端倪。生產者的能量場是包容開放的，因此生產者總會有無法與顯示者親近的感覺，這是因為顯示者的能量場是封閉且具有抵禦性；由於顯示者需要告知他人自己的想法。顯示者要影響別人，並告訴對方，自己的感情計畫；生產者需要的則是被提問，他們會透過他人的詢問產生回應。因此，光是告知生產者還不夠，需要進一步向生產者提出問題。

　　此外，雙方對於感情的目標設定也有不同。**生產者想要達成特定的目標，而顯示者想要發起行動並產生影響力。**顯示者的任務在於提出計畫，而生產者在於執行計畫。後者必須要有能量可供使用，才能獲得滿足感。

在一個情境中，若顯示者只進行告知，這對生產者還不夠；後者的自在感只能透過被詢問獲得。顯示者的正確表達方法，要像：「我想去酒吧，你想一起來嗎？」這樣生產者便能獲得產生薦骨回應的機會。只是無論對方的回應為何，顯示者都已經決定要去酒吧了。反之，也是如此，生產者通常需要提問，但對顯示者而言，只要告知就夠了，例如：「我三週後要到新公司工作了。」

生產者與投射者

　　原則上，**生產者與投射者是天生絕配**，這裡指的是工作上，感情上相處則會有些問題。生產者需要邀請投射者進入一段關係，而投射者要詢問生產者，他是否真心希望開始這段感情。投射者需要生產者「嗯哼」的回應，如此一來生產者才能產生能量，而投射者也能使用此能量引導對方。

　　若能扮演好自己的角色，這兩種類型的人能有良好的互動模式。**若投射者能扮演領導的角色，則是最好的情況**，例如：孩子的父母或員工的上司。

　　若要求雙方平等，在他們的感情中可能會出現問題與誤解，因為其中一方的角色產生了問題。若生產者的回應是否定的，投射者便無法獲得可供使用的能量，因而無法進行帶領工作。投射者可能會因為不想獲得否定的回應，而不再繼續提問，問題就此產生。因為生產者需要被詢問，隨之產生的能量也是投射者所需要的。投射者需要順應自己的類型過生活，便能對生產者產生正面影響，讓自己具備能量。

　　兩類型間有明顯的差異，能量場也完全不同。投射者透過自

己的能量專注於對方的本質，並會問：「你是誰？」生產者有包覆的能量場，會自問：「我是誰？」

生產者雖然常不想受他人領導，卻沒得選擇，因為投射者率先掌握了管理權。因此，生產者常想獨自工作，卻會使自己的能量流失。尤其當投射者是女性時，即使投射者管理生產者的角色分配是最理想的狀態，基於不同的個人經驗與感受，卻很難執行。

在感情中，生產者常會認為投射者自私且厚臉皮，因為他們取用自己需要的空間、過自己想要的生活，並認定自己是領導生產者的人，否則一切就會拘泥不前。若要求平等的關係，兩人的感情便會產生問題。

投射者需要針對生產者的一切進行詢問，然而投射者很快就會感到倦怠，不願重複同樣的問題：「可以請你在玄關就脫下髒鞋嗎？」生產者通常願意回應，只是需要在不同事物上不停被詢問。若能尊重與包容彼此的設計，一切就會容易許多。投射者需要生產者所產生的能量，卻往往不懂正確詢問。投射者害怕他們無法掌控能量，但不同的人對這件事，當然會產生不同的反應。

有時會造成伴侶的角色錯亂，也就是說，投射者不斷工作，而生產者負責行政與管理；換句話說，投射者蓋房子，而生產者在旁邊指揮。若想改善一段關係，就必須釐清各自該承擔的角色工作。管理工作與勞動工作需要由合適的人各司其職，如此一來，一切才能順利進行。

生產者與反映者

反映者必須向生產者提問，對方是否願意進入一段感情，並給予反映者 28 天的時間考慮，之後雙方才能做出決定。最後，生產者會透過反映者的鏡子認識到自己的情感。

若生產者只顧著工作，反映者最後會選擇離開這段感情，因為他們需要在日常中感受驚喜。若兩個人能夠和平共處，即可能發展成一個多子女的大家庭；因為反映者非常喜歡小孩天真無邪的能量。然而，照顧孩子就是生產者的責任，而雙方的關係也會因此朝著不平等的方向發展。

顯示者與投射者

　　顯示者只需要發起工作，因此他們有告知他人的義務，例如：「我希望能和妳在一起，因為我覺得妳是個聰明的女人，總是為我著想。因此我認為，妳就是那個對的人。」投射者必須釋放出明確的訊號，向顯示者表明，自己是否有感覺到受邀。然而，若顯示者為女性的那方時，這段感情會變得較難經營。

　　此兩者均非創造類型；只有在兩人的薦骨中心接通時，才能共同完成計畫，但不要過度強求。

　　顯示者想要發起工作，而投射者想要管理、引導與領導。然而，對他們的生活模式而言，財務的條件很重要。若要進入一段關係，顯示者該做的是告知與邀請投射者，並為對方鋪好紅毯。

　　投射者必須等待對方有禮貌地提出邀請，才能夠管理、引導與領導顯示者的能量。但只有在被引導的能量獲得啟動後才會發生，對顯示者來說，這不是件容易接受的事。

顯示者與反映者

　　反映者會反射顯示者，而顯示者需要告知反映者，並給予 28 天的考慮時間。

　　原則上，這個組合的運作不會有什麼問題，因為兩者的能量場相當類似，行星過境的影響比與人相處更有影響。

　　反映者需要等待月亮循環週期結束，以做出正確的決定。即使面對感情中的重要問題，等待仍是無法避免。

　　對反映者週期的可計算性，顯示者或許會感到有趣。周遭的人可能無法理解這一對伴侶的感情相處模式，因此會產生距離感。

投射者與反映者

投射者必須感受到自己獲得邀請，而反映者則必須等待 28 天，讓對方做出正確的決定。

除了工作，這對伴侶能夠熱愛感情生活的一切。然而，對投射者而言，一段感情並無法永遠順遂，因為他們總是將焦點擺在對方身上；這與反映者完全不同。

反映者重視的是環境與驚喜，並需要常與他人互動；**對反映者而言，一段只專注於雙方的關係，是無法滿足的。**

第 4 章

12種人生角色與情感關係

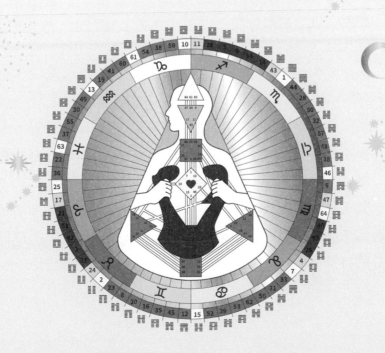

人類圖有 12 種人生角色；人生角色像是指南針，能幫你找到人生的目標與意義。你可以在專屬於你的人類圖中，找到自己的人生角色。

我們在諮詢過程中發現，**不同人生角色的風格非常明顯**。一個人越是根據自己的類型，回到內在權威與策略過生活，他的人生角色特徵便越明顯。如此一來，也就離自己的人生目標與意義愈近。

人生角色，像是一個人的人生戲服，剛買回家時可能有點穿不慣，但隨著時間過去，若所做的決定都是正確的，便會如同肌膚般貼身又合適。

人生角色在感情中也扮演了重要的角色，因為涉及了相處模式，例如：害羞及對於他人的信任程度，不同的人生角色都有不同的運作模式。

人生角色共有 12 種組合，分別為 1/3、1/4、2/4、2/5、3/5、3/6、4/6、4/1、5/1、5/2、6/2、6/3。

第一個數字代表的是個性意識，個人所認知的自己，人們透過這條爻的運作方式，在個性與意識面對自己的察覺與理解。

第二個數字代表的是設計意識，展現出我們潛意識中的自己。他人往往會比我們自己更早意識到這部分，我們通常在事後才會意識到這條爻的特徵；隨著年紀增長，我們會更清楚自己這部分的特質。

人生角色的結構

人生角色	意識的（左）個性	潛意識的（右）設計
6	人生典範	靈魂伴侶／非靈魂伴侶
5	異端者	誘惑者／被誘惑者
4	機會主義者	知己／非知已
3	烈士	連結／斷裂
2	隱士	害羞／大膽
1	研究者	追求者／非追求者

六個主要角色的個性與設計

個性：人類圖中的個性意識呈現的，是從小到大發展成的性格。對於這個部分，我們能夠產生自覺。

設計：設計呈現的潛意識是他人對於自己的評價。隨著人生的成長與發展，我們對於這部分的感受會逐漸明顯。然而，總是會有自己無法掌握的情況發生。

人生角色與基本類型必須分開來看，因為每一種角色都有可能出現在不同的類型中。

本書中所介紹的類型與角色組合，顯示出個人的人生目標與意義。

至於實現自己的人生目標與意義是否需要他人協助，則依不同的人生角色而異。

個人命運

　　這類人能獨自做決定，並不受他人影響。他們原則上不需要他人的協助，就能夠實現人生目標與意義，且較專注於自己，極少順應他人。

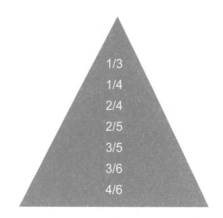

個人命運的人生角色

固定的命運

　　這類人有非常明確的人生道路，沒有人能使他們分心。

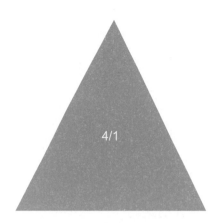

固定命運的人生角色

超越個人命運

這類人在決策過程中，常將眼光投注他人。他們需要旁人的協助，以實現人生目標與意義。

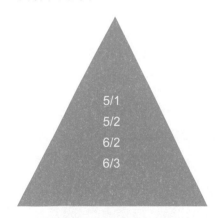

超越個人命運的人生角色

人生角色 1/3：探究內省之烈士

從嘗試與錯誤中學習，進而獲得對於人生的安全感；研究與探究就是他們血液裡的基因。

人生角色 1/3 相當自我中心，就像是一個專注於自身領域的學者，而且相當專精。他們在尋找的是人生的基礎、根本與細節。

對於所需要的一切，他們會追求扎實的知識與基礎，才能夠獲得安全感。烈士在此人生角色中的任務，是辨識運作不順的事物，並排除問題。人生角色 1/3 會經常犯錯，且總是感到不愉快。

他們可能會經常有「怎麼是我遇上這種事」的感覺，且毫無頭緒，問題到底出在哪裡。若他們將朋友的單車拆解，再重新組裝回去，最後會多出一些零件，卻不知道該裝在哪裡。

人生角色 1/3 從小喜歡一個人研究事物，他們想把一切搞清楚。此外，他們也非常愛追根究柢。此人生角色會不斷進行嘗試與經歷犯錯，直到獲得答案為止。

對他們而言，透過書籍或身體力行的學習非常重要。他們才能夠從中找到答案，並獲得安全感與提升自我能力。這種學習法在之後能建構充足的知識，而這也是他們所需的。對人生角色 1/3

而言，無知比謊言還要可怕。

　　若你的人生角色為 1/3，會以自我為中心。你只說自己知道的事，若自己不確定則閉口不談。你對於錯誤的認知就是你是一名烈士。一旦發現事情的基礎不對，你隨時做好全盤打掉、重新開始的準備。然而，這種無止境的嘗試與失敗也是你不斷想避免的。你不願意犯錯，並希望能夠減少失誤，但在嘗試與錯誤中學習才是更重要的。若不慎犯錯，也請別自責，而是要自問：「我從這次的錯誤中學到了什麼？」這才有意義。

　　擁有此人生角色的人有時會有些悲觀，因為他們會不斷想起自己所犯的錯誤，並將這個錯誤投射在未來。這意味著，他們之後要再展開新計畫時，會心生懷疑。

　　請給自己一點時間，學習所需要的知識。如此一來便能夠獲得安全感，這相當重要。擁有這些知識，能夠在人群中扮演權威角色。

性與愛

　　對人生角色 1/3 而言，盡可能認識伴侶是相當重要的。他們像是狩獵的獵人，會花時間觀察，並了解對象，以利於之後的捕捉。人生角色 1/3 若不是追蹤並觀察他人，就是被他人觀察，直到自願答應進入一段關係為止。一旦如此，他們會表明，自己願意進入一段關係，且確實是他們所要的。

在一段感情中，是否能夠來去自如對他們來說至關緊要。也就是說，他們希望掌控一段感情去留的決定權；但每個人的情況不同。有些人會不斷結交新伴侶，卻也很快分手；若與伴侶分房睡、能有獨自旅行的時間，或有自己的興趣，便能穩定經營一段感情。人生角色 1/3 需要持續發掘不同的可能性，才能在感情中來去自如。

人生角色 1/3 的年輕人，早在初嘗禁果前，就對性愛瞭若指掌。這也是件好事，因為能使自己產生安全感。探索方式不拘，可以是透過書籍或影片，也可以和有同樣興趣的人討論。能在初次嘗試前就有充足的知識，絕對是件好事。若能夠徹底了解一件事，便能有準備充足的感覺。

然而，儘管你研讀了關於性愛的一切，在現實生活中仍有犯錯的可能。不斷地嘗試與犯錯，並從中學習，也是重要的一環。

伴侶關係

要開始進入一段關係，他們需要較長的時間，才能使自己真正投入一段關係。

他們不斷詢問與質疑看似不信任，事實上並非如此。他們只是希望更深入了解，慢慢地讓自己放心。

只有不斷嘗試錯誤，才可能獲得一段真正的感情關係。若你與他們建立一段關係，便會發現，他們經常犯錯。千萬別把這些

感情問題複雜化，因為他們只是在過程中學習，以便能夠繼續向前邁進。

人生角色 1/4：探究機會主義者

需要從朋友關係中獲得安全感；研究與探究就是他們血液裡的基因。

人生角色 1/4 以自我為中心，是喜歡將探究對象帶入人脈中的研究者；他們希望能藉此獲得影響力。此類型的研究者會維護友誼與機會網絡，並等待適當的利用時機。對他們而言，所有關係中，最重要的就是友誼，而信任就是基石。

他們會打造各種關係做為基礎，並在這基礎上建立自己的人生。他們會學習、研究與探究人生，以在之後將所獲得的資訊帶入自己的朋友圈。若他從小就開始學習管理資源（金錢、精力、時間），之後便能善於自我管理，不需要倚靠他人；他們能透過研究與學習找到自己的長處。當然，一個人無法十項全能，因此每個人生中的新角色（如父母）都是新的學習機會，卻也暗示了人生中的不確定性。

對他們而言，朋友絕非可有可無。這裡談的不是友誼的「數量」，而是「品質」。他們渴望能擁有特別的朋友，例如：一個能分享一切的人，或一個能夠互相掏心掏肺的人。他們希望能透

過與他人分享自己所探究的事物而鞏固關係。將這些事物帶入世界，就是他們的目標，而最重要的元素，就是等待適當的時機。對機會主義者而言，朋友之間的信任是最重要的，因為那是他們的人生根基。機會主義等待最適當的傳播機會，能使他們在人脈中獲得成功。

只是，機會主義者常被看作是「不顧一切利用機會」的人，而且往往只有在自己的原則受到威脅時才會卻步。若他們沒能意識到，自己在人脈中投入的訊息沒有產生回應，則會變成錯誤的投資。因此，如何從人脈中脫身便是一個重要的課題，否則就會精疲力竭。

若投入大量的時間，耗費精力照顧朋友，他們便會疲累不堪。此時他們會產生抽身的念頭，想一個人靜一靜，以恢復精力。

他們會研究事物，以進行確認，卻不會詢問他人。他們會將所研究的事物一項接著一項帶入人脈，期許能藉此獲得影響力。然而，在進行研究時，必須留意資訊的來源；他們不會永遠都是正確的。若將錯誤的資訊帶入人際關係，便會使自己的影響力受損。

儘管在第一線能握有直接的主導權，他們卻喜歡站在第二線發揮影響力。當他們有了新的目標，會先改變自己的工作或私生活。若有人辜負了他們的信任，便會被逐出人際網絡，而過往對其友善的態度也將一去不復返。

在這種情況下，若有人辜負了他們，他們什麼事都做得出來，而過往的承諾也不再算數。

性與愛

　　許多擁有此人生角色的人，都會以對待伴侶的方式對待摯友，探究、認識與信任在這裡是主要課題。你不是跟隨者，也不是被跟隨的對象。給自己一點時間認識他人，或讓他人認識自己。

　　這個人生角色的人，寧願面對殘酷的事實，也不希望被隱瞞。信任遭到背叛，是他們與他人關係破裂的最常見原因。除了欺騙，你幾乎能夠接受一切的坦誠。機會主義者期待能有一個可靠且能夠完全信任的伴侶，因為他們眼中沒有折衷的概念。對於伴侶，他們只有信任與不信任兩種選項。若他們的信任遭到濫用，則一段關係將再也不可信，完全是非黑即白的情形。

　　在性相關的議題上，你也需要正確的機會與充分的信任，才能真正擁有性愛。在你與一個人發生關係前，應先與他做朋友，認識這個人，並獲得信任。一夜情並不適合你，因為在如此短的時間內，你們無法建立信任基礎。

伴侶關係

　　給擁有此人生角色的人一點時間，他們需要好好地認識自己的伴侶，才能夠建立信任與快樂的基礎。

　　唯有如此，他們才能夠建立一段真正的關係。最重要的是，與他們開放且真誠地溝通。如此一來，他們便不會質疑伴侶所說的一切，而會照單全收。

人生角色 2/4：隱士機會主義者

過著較低調的生活，靜待朋友給予分享喜悅的機會。

　　人生角色 2/4 會依個人喜好行為，並獨自做出選擇。這類人雖然喜歡獨處，但友情對他們而言也同樣重要。人們總是感到他們相當友善且吸引人；長期下來會發現，他們只是在等待朋友的邀約。他們的感情、工作與居住議題，都與人脈有關，例如：你若正在尋找合適的對象，最好的方式是告訴你的熟人或朋友，請他們為你介紹。

　　這類人的友情並不容易，因為他們一方面需要獨處，另一方面卻也需要朋友，這種矛盾便會產生壓力。對他們而言，謹慎擇友相當重要。他們的人脈必須與自己相當契合，因為信任在其中扮演了相當重要的角色。在與他人的互動方面，他們相當重視和諧與相互體諒。

　　他們天生具有才能，而其他人若能懂得與他們互動，或令他們走入人群，便能夠使他們一展長才。

　　這類人相當享受獨處的時光，能夠靜靜忙著自己的事；其他人則會在他們身上，投射自己認為他們擅長且有益的事物。重要

的是，他們能夠獲得良好的支持與培訓，以展現天賦。即使對小提琴家來說，寫作與閱讀也可能相當重要。這裡的天賦指的是，在人生道路上逐漸認識自我的能力。

人生角色是一個能夠認識自己的特殊心靈途徑，有時也稱作人生使命。有些人能夠透過天分獲得知識，而他們一旦感到朋友需要自己，便會毅然決然地投入。對他們而言，重要的是能夠獨處的能力，最好還能有自己的專屬空間，因此有些人願意為自己的個人空間投入大量的金錢。

性與愛

請謹慎選擇朋友，並只讓適合自己的人進入朋友圈。由於你是個特別的人，所選擇的伴侶也得與自己相當契合。

擁有此人生角色，就像是生活在一道防護牆後，沒有人能夠入內打擾。內向的特質對你而言相當重要，那道牆可能會逐漸瓦解，但勉強拆除是沒有用的，因為一道新的圍牆仍有可能在日後重新築起。等到適當的時機點，內向與距離感便會逐漸消逝，取而代之的是衝勁與膽識，令外人大吃一驚；你會展現出他們沒有預料到的特質。

對你而言，在性愛方面的關鍵是要對另一半感到熟悉，並能對他們如同手足般產生信任，你需要的是一個能夠完全信任的人。人生角色 2/4 在進入一段感情關係或性關係之前，給自己充沛的

時間相當重要。

伴侶關係

由於內向的緣故，這類人需要較多的時間，因此耐心地培養信任感相當重要。

他們需要一個屬於自己的空間，但這與伴侶關係並沒有太大的關聯，而是他們天生就需要有一個能與自己獨處的地方。身為伴侶的你一定能在他們身上發現一些他們習以為常，你卻感到特殊的地方。隨著時間，他們會認識到，有些能力的確是連自己都沒有察覺的，卻不斷使用。

若伴侶屬於此類，你們有共同的朋友圈就相當重要。如此一來，他便能在一定程度上保留自己原本的生活模式。

人生角色 2/5：隱士異端者

低調與魅力是他們的特徵，且不限於感情範疇；他們透過正確的召喚成為異端者。

人生角色 2/5 會依自己的個性行事，並獨自做決定。這類人喜歡獨處，並享受與世隔絕、不受打擾的環境。對他們而言，能擁有屬於自己的空間相當重要，他們才能夠專注地完成自己的工作。身為民主主義者，他們也常對他人的想法表示同意，以不必獨自承受壓力，並能獲得喘息的空間。他們對於他人的標準相當高，並會決定自己只與什麼樣的人往來。身為異端者，他們常無視各種規則。這種行為是有風險的，例如：在中世紀，他們可能會被處以火刑。

人生角色 2/5 常會被投以擁有特定能力的期望，並常莫名地扛下自己根本無力達成的他人期待。也因為這個原因，他們會愈來愈不想與他人互動：直接地闡述自己的想法也不是他們的強項。

基本上，擁有此人生角色的人能照顧好自己，只有少數會成為孤單的獨居老人。

當他們感到自身能力被需要時，只有透過正確的召喚，才能

夠下定決心獲得成功。然而，他們唯有察覺自己的與眾不同，才會接受召喚，並貢獻自身能力。由於人生角色 2/5 的人常對事物有不同的見解，實際地找出事物的解決方法，才能夠獲得他人的理解。

由於反叛的處事風格，他們常被視為是能提水救火的領袖級人物。在任務完成後，他們會退回自己原先的崗位，藉此擺脫他人期待的壓力。若他們在原地留下，往往只會弄壞自己的名聲，因為他們無法一直為新的問題提供解答。

性與愛

若你意識到，自己是內向人，在進入一段關係時給自己一點時間。他人會將期望投射在你身上，並認為你迷人又有魅力。對此，你會在肢體接觸方面有明顯的感受。

擁有人生角色 2/5 的你，在初次與他人相遇時會感到害羞。在習慣後，你便會開始與對方調情，讓人有摸不透的感覺。你有時會與他人產生交集，卻很快地又會退到保護牆後。

人生角色 2/5 時常對自我感到難以捉摸，因為你永遠都是反映他人期望的鏡子。這意味著，他人與你看待自己的方式大不相同。他人看見的永遠會是另一面的你，即使在感情中也是如此。你必須承擔他人的期望，卻不知道自己是否沒有能力達成。

對你而言，要進入一段關係並不容易，因為他人投射在你身

上的期望隨時都有可能破滅。

　　然而，他人對你的第一印象往往都是好的。

伴侶關係

　　人生角色 2/5 的伴侶會自然而然地將自己的期望投射在對方身上，並帶入感情中。然而，對方卻經常無法實現這些期待。

　　除非出現正確的召喚，否則對方可能會因此開始逐漸與你疏遠；來自於不正確的召喚是沒有用的。

　　對他們而言，要進入一段感情不容易。他們需要大量的獨處時間，只有在必要時會有作為。

05

人生角色 3/5：烈士異端者

他們天性叛逆，總是想遠離特定的事物，卻也同時擅長解決問題。

人生角色 3/5 重視個人發展，並能獨自做決定。他們能從錯誤中學習，並了解只有錯誤能使人成長。

這代表他們有許多機會獲取經驗，並進行嘗試與實驗。人們期望能從他們身上獲得他人無法給予的答案，但是這種期望不切實際。

若在孩童時期就能從錯誤中學習，沒有受到體罰，他們就能在人生中不斷獲得有幫助的體悟，不限於特定領域。**他們並沒有辦法實現所有人的期望，卻能做出得宜的應對。**關鍵是他們要能意識到，錯誤與失敗能帶來正面的收穫。只要能從中學習，就能不斷前進，因此務必要善用經驗。

「烈士」的含義是，能真正實踐「從錯誤中學習」的精神。困難的地方在於，必須不斷嘗試、詢問與檢視。身為一個烈士，你必須做出一切嘗試，但他人仍會質疑你的作為。

性與愛

　　人生角色 3/5，總是為進入一段感情或承擔一項工作做足準備；但若沒能好好維護，仍很快會以失敗收場。因此，在人生中的所有範疇，你需要有頻繁的變化。

　　他人會在你身上投射特定的伴侶形象，卻忽略了真正的你；你因此經常感到受傷。

　　若你能在一段關係中學習到新的事物，便能運用在下一段關係。從被動地角度來看，你也能認識到，自己不希望在下一段關係中遭遇到的事。若沒能真正地從中學習，你在下一次的情境或關係中，也可能會再次遭遇挫折。

　　有趣的地方是，你會在人生中不斷地遭遇這些不順遂的經驗。這些混亂、錯誤與失敗的關係，都是你人生中的一部分。

　　由於你經驗豐富，因此能善於解決問題，即使是感情問題也是如此。

伴侶關係

　　若伴侶是人生角色 3/5，卻無法實踐「從錯誤中學習」的精神，你便不該把自己交託給他。

　　基本上，他人對這類人的第一印象會是正面的；但投射到他們身上的形象若無法實現，身為伴侶的你可能會感到失望。

　　對人生角色 3/5 的人來說，能在實踐「從錯誤中學習」的過程，提供支持與鼓勵的伴侶才是有益的。

　　人生角色 3/5 若能從錯誤中獲得收穫，便能在與他人的關係中大有進展。

人生角色 3/6：烈士典範者

從自己的錯誤中學習教訓，以領導他人。

　　人生角色 3/6 重視個人發展，並能獨自做決定。若人生角色中有六爻，則這類人的人生會分成三個發展階段。在第一個 30 年裡，這類人會不斷嘗試與犯錯。

　　因為如此，這段時間的生活會相當混亂。由於人生角色 3/6 會不斷遭遇挫折，或事事不順，他們總是相當悲觀。重要的是，若他們還是小孩，且總是沒辦法把事情做好，請不要因此懲罰他們。犯錯，是人生角色 3/6 在學習過程中相當重要的一環。他們總能在面對挫折時重新振作，並再次嘗試。

　　過了 30 歲後，他們會發現到，自己逐漸擺脫了過去的生活型態。那種感覺就像是坐在屋頂上，俯瞰下方的一切。儘管如此，他們仍會不斷犯錯，並對於自己總是做不好的事物感興趣。只要能在 30 歲前不斷嘗試，便能客觀看待結果。到一個階段看開後，悲觀會逐漸轉換成樂觀。這意味著，不會總認為事情太過糟糕。

　　此外，這類人也能將自己的經驗傳授給他人，進而獲得他人的尊重與敬佩。儘管他們仍會面臨錯誤，但地位也會逐漸提升。

這種地位的提升需要時間醞釀。剛開始，他人可能會抱持著半信半疑的態度，但當他們年過 50 後，便能廣泛獲得他人的信賴。

約 50 歲時，真正的挑戰才正要開始。他們會處於一個全然不同的人生階段，而在意識到時，已深陷在其中了。這代表生活將再度亂成一團，而錯誤與不斷的嘗試將捲土重來。

與 30 歲前的差異在於，他們這次會有全然不同的感受，而自己的經驗將真正成為他人的典範。在 50 歲前向他人傳授的內容，自己都將親身經歷一遍。

性與愛

他們在整個人生中，都不斷有機會進行嘗試並獲得經驗。在 30 歲前，他們會不斷嘗試並犯錯，連在感情與性愛上都一樣。他們想找出感情中的阻礙物與潤滑劑，會不斷遭遇阻礙並受挫。最理想的方法是，不要用一段長久的關係將自己與伴侶綁住（如婚姻）。到了 30 歲時，重視的問題會變成「走入或離開一段關係」，而同樣的問題也會出現在長久的關係中。他們可能會想與伴侶保持距離（如獨自旅行），而分房睡是一個不錯的方式。

30 歲後，他們會開始尋找靈魂伴侶，但要到 50 歲後，他們才能夠確認，與自己經歷過兩個人生階段的伴侶是不是對的人。所謂的靈魂伴侶就是，在各方面都能夠自然地與自己產生共鳴的對象。

50 歲後，與伴侶的相互信任尤其重要。

伴侶關係

隨著人生階段的進行，人生角色 3/6 的感情會遭遇到不同的挑戰。在第一個 30 年間，他們會面臨大大小小的混亂、嘗試與錯誤，並會受到考驗。

若你是對方的伴侶，則需要包容與諒解。在 30 歲至 50 歲之間，人生角色 3/6 會感到自己逐漸擺脫了過去的生活模式。對他們而言，在感情中保持距離，之後再走向對方很重要。

這與感情狀態無關，純粹是他們人生角色的需求。50 歲後，若感受到對方就是自己的靈魂伴侶，他們便會認為自己的感情品質相當充實；因為對方就是對的人。

人生角色 4/6：機會主義典範者

有客觀的智慧，能善用人際網絡，以發揮個人影響力。

人生角色 4/6 會獨自做決定，並重視個人發展。對他們而言，人際、友誼與信任都是重要的人生課題。

人生角色 4/6 總能給人親切的印象，因此能在人際關係中獲得正面評價。如果一直處於人際關係中，會讓自己感到疲憊，就是該撤退的時候。他們會將自己的熟人帶入朋友圈，提升個人影響力。他們只是在等待正確的時機點，並回到內在權威與策略進行評估。

這類人的人生可以分為三個階段；在第一個 30 年中，他們會試圖活躍於人際網絡中，並發現，自己總是陷於錯誤的人際關係。透過不斷嘗試與發現錯誤，他們會逐漸找到正確的選擇。

他們是相當專注的人，目光幾乎放在目標物上，並會對犯錯感到心煩。他們應該從錯誤中學習，並記取教訓。在過了 30 歲後，他們會逐漸退居，甚至開始過著超然的生活。那種感覺就像是坐在屋頂上，從上往下俯視一切。即使他們仍對友誼與人際關係感到興趣，但會透過一定的距離觀察。也因如此，他們常被稱為窺

視者。他們會透過觀察，發掘到屬於自己的機會，並抱持著客觀與樂觀的心態。

　　到了約 50 歲，會開始嶄新的人生階段；他們能藉由過去 50 年來所累積的經驗成為一名具有影響力的朋友。重要的是，堅定與樂觀地朝目標前進，並認識朋友與人際網絡的運作模式。將人生的第二階段做為著力點與出發點是最理想的，他們能發揮最大的影響力，並使他人信服。身為隱居的窺視者，生活較為容易。也因如此，要他們在 50 歲時重新跨越之間的距離並投入人生，有相當的難度。他們無法選擇與他人保持距離，也無法避免與他人的接觸。對朋友而言，他們是重要的模範，也只有如此才能贏得他人的信任。

性與愛

　　為了讓自己進入一段關係，重要的是對於潛在伴侶的充足認識。彼此要如同手足般互相信任，兩人才能建立一段成功的關係。在建立關係方面，他們需要許多時間。

　　這類人的感情觀是「不在找到更合適的對象前分手。」他們需要情感的延續；若恢復單身，感情狀態便會中斷。一般來說，他們需要很長的時間才能夠下定決心，再次進入一段關係。

伴侶關係

四爻人相當專注；這代表不該試圖改變他們，而該鞏固他們的想法。四爻需要人脈，以獲得成功。你若真心對待他們，他們也會真心對待你。

他們的第一個人生階段會亂成一團，但會在第二個階段以超然的態度看待人生。在這個時期，他們像是以第三方的角度觀察人生。在最後一個人生階段，「靈魂伴侶」是人生角色 4/6 重視的課題；這意味著，一段感情若無法進一步發展，便會隨之終止。

人生角色 4/1：機會主義探究者

本質不能，也不會改變，在他們專注的領域容易成為傑出的導師。

人生角色 4/1 對於人生發展與選擇相當堅定，命運幾乎已注定。他們不會受到外界的影響，這對他們是相當好的一件事。

他們自知需要人脈，才能夠在人生中獲得合適的機會，並知道自己需要扎實的基礎。因此，他們在走上一條道路前，會先徹底分析。透過人生角色 4/1，他們能獲得所需的知識，並以獨有的方式走入世界。

他們會心滿意足地行動，且不受到外在因素操控或引導。人生角色 4/1 會專注在自己有興趣的領域，成為專家。他們不會隱藏自己的才能，只會暗自難過，並等待人脈中出現合適的機會。

當他們開始一項新的工作，需要經過扎實的訓練，如此一來才能夠獲得安全感。也唯有如此，他們才能夠將自己的專業能力穩當地帶入人脈中。

若你是 4/1 的人生角色，關鍵是有時要讓自己完全靜下來；這是你堅定命運生活中的保護機制。

性與愛

　　這類人會發現，自己需要許多時間，才能夠進入一段關係；為的就是盡可能了解潛在伴侶。能否信任對方，就是他們想確認的首要目標。

　　能與對方產生如同手足的關係，是他們進入一段感情的基礎。若信任感被濫用，便意味著關係的結束，他們也會隨之抽身。

伴侶關係

　　想跟人生角色 4/1 發展成伴侶關係，需要許多時間，因為他們所需要的信任基礎，來自於長期了解與觀察。

　　人生角色 4/1 在感情中，唯有對方能讓他們自在地做自己，才會感到開心。如果你的伴侶是 4/1 的人生角色，當他出現某種想法；即使不正確，你也該這樣告訴他：「親愛的，我知道你認為 ……。」

　　若要與 4/1 人生角色的人建立情感關係，尊重對方堅定的選擇很重要。

人生角色 5/1：異端探究者

他們在針對問題深入研究後，總是能為危機找到適當的解決之道。

人生角色 5/1 能透過他人或與他人在一起，替自己的人生找到目標與意義。他們在做決定時，也會考慮到其他人。但每個人的決定會依據類型、內在權威與策略，仍有所不同。

人們總會對他們有所期待，而他們若進一步想實現這些期待，則需要針對目標進行深入研究。沒有人能看透這類人的本質，只會將各種想像投射在他們身上。

如此一來，人人都賦予他們不同的期待，早在孩童時期，父母對他們的未來有所期許；表示這類人將不斷背負他人的期待與希望，例如：在危機時期待他們成為救星，並提出有效並且容易理解的解決方案。人生角色 5/1 在危機時刻的確是解決問題的理想人選。

若他們的基礎扎實，並接受過專業的訓練，便有能力實現他人的期待。若他們辜負了眾人的期待，名聲便會受損。這類人在完成了一項工作後，必須馬不停蹄地前進，因為他人的投射是變

動的，很快又會以不同的方式看待他們，即使他們不願意也沒有辦法。然而，若下一次對於類似的工作表現不如以往，他們的名聲也會跌落谷底，變化的速度之快，連他們自己都不自知。

他們對於陌生人有很大的影響力，但對於家人與伴侶往往只能兩手一攤。他們的人生課題在於向外拓展影響力，而好機會也來自於不認識的人。

性與愛

原則上，他們相當有魅力，能讓人產生不同的投射，例如：完美的一家之主、完美的情人、完美的母親，甚至是蛇蠍美人。外在期待會讓他們感到龐大的壓力。

大多時候，他們能讓初次見面的人留下正面的印象，並希望如此持續下去。若想進入一段感情，便該給自己多一點時間。信任自己能夠實現對方的期待，才能有好的開始。

只是，他們不知道，對方對自己真正的期待是什麼，只知道有某種期待存在。為實現這種期待，感情關係的基礎必須相當穩固；這也代表，必須要對潛在伴侶有相當程度的了解。

在一段關係中，雙方之間保持著適當的距離，對他們而言相當重要。這樣對方所投射的形象才能夠長久持續。

伴侶關係

與這類人建立伴侶關係，你一定會對他們有很大的期待，但他們也有可能無力實現。最大的感情挑戰在於，你永遠無法看透他們到底是什麼樣的人。

人生角色 5/1 需要在雙方之間維持適當的距離；如此一來，被投射的形象才不會崩毀。他們最受青睞的一點是，總能為問題提出有效的解答。

就算是處於最危險的時刻，他們也能將危機化為轉機。

人生角色 5/2：異端隱士者

雖會被賦予期待，卻並不想引人矚目。他們需要的是內在動力。

　　人生角色 5/2 能透過他人或與他人一起，替自己的人生找到目標與意義。他們在做決定時，也會考慮他人的需求。但每個決定仍依據類型、內在權威與策略，會有所不同。 人生角色 5/2 的人在與他人初見面時，就能意識到，對方對自己抱持了某種期待。然而，他們傾向婉拒，且不願意實現對方的期待。這種疏離與距離感卻會讓他們更顯迷人，反而會有更大的期待，導致他們承受雙重壓力。一方面人們看見了他們的天分，另一方面卻對他們的能力不甚了解。

　　因為這種雙重投射，他人的期待與要求就此產生。這類人給人的第一印象往往是正面的，而人們會在他們身上投射自己期望的形象。

　　他們知道，與人保持適當的距離很重要。要讓此人生角色承擔責任並不容易，因為只有他們能夠驅動與召喚自己。對於成功，他們總有很大的壓力，因為失敗將有損名聲。只要與人接觸，就會有失敗的風險，他們不知道眾人到底有什麼樣的期待。面對這

樣的壓力，他們會要求對方讓他們能有喘息的空間，若要承擔來
自外在的期待，也要他們自己願意才行。

性與愛

在感情中，他們也會受雙重投射所苦。一方面，對方會將他
們視為夢中情人，如蛇蠍美人或風流倜儻的男性；另一方面，他
們其實生性害羞，並在自己與伴侶之間築起了高牆。唯有突破那
道牆，才能夠認識真正的他們。在別人眼中，他們相當具有魅力，
讓人想跟他們共享美好的感情或性愛關係。然而，他們自己卻不
這麼認為，甚至感到退卻。只有根據自己的類型，回到內在權威
與策略，才能為此困境找到解答。他們能藉此為自己找到動力，
並成功踏入一段感情。

伴侶關係

想跟人生角色 5/2 的人建立伴侶關係，你必須相當獨立。由
於他們非常需要有自己的空間，也想與他人保持適當的距離，這
會是很大的感情挑戰。此外，即使伴侶都無法召喚他們；只有他
們能給予自己動力。這類人確實非常善於解決問題，因此也懂得
經營伴侶關係。

人生角色 6/2：人生典範之隱者

他們是他人眼中的典範，需要照此模式持續行動。

人生角色 6/2 能透過他人或與他人一起，替自己的人生找到
目標與意義；他們的人生也分為三個階段。

在 30 歲前，他們會不斷嘗試與犯錯。他們應該在這個人生階
段盡可能地嘗試，並學習教訓，因為經驗就是他們往後人生的養
分。然而，他們也意識到，自己其實會感到卻步，且不想在失敗
經驗中攪和。適度抽身固然重要，但從錯誤中學習也不可少，因
此在嘗試與犯錯之間找到平衡點，便成為了一個重要的課題；才
能將所學到的經驗用於往後的人生階段。

30 歲後的第二個人生階段，會逐漸遠離過去混亂的日子。他
們終於能夠抽離，成為一個單純的觀察者，而態度會從悲觀轉為
樂觀。

約 50 歲後，他們會成為他人的典範，也會擺脫觀察者的身
分。在理想情況下，他們會被他人召喚。只是要再度積極地過生
活，對他們而言並不容易，因為他們已適應與習慣了過去的退隱
生活，以至於第三個人生階段並不輕鬆。

他們無法繼續以旁觀者的角度觀看自己的人生，並逐漸入世。若他們能夠稱職地扮演好典範角色，便能同時擁有不受侵擾的生活。身為典範，他們能夠對社會產生相當程度的影響力。

性與愛

在人生中的第一個 30 年裡，他們應該盡可能地吸取經驗，不該魯莽地與他人建立感情，而應刻意地與不同類型的人交往、建立不同的關係。他們之後會發現，自己在肢體接觸上其實相當害羞，需要時間習慣。

在第二個人生階段裡，他們會開始尋找靈魂伴侶。然而因為害羞與高標準的緣故，他們會經常需要退回自己的空間。

50 歲後，他們才能確定，陪自己經歷了兩個人生階段的伴侶，到底是不是靈魂伴侶。若能確定對方就是自己的靈魂伴侶，他們便能夠給予完全的信任，並願意建立一段和諧的關係。

伴侶關係

無論處於哪個人生階段，這類人在肢體接觸上都相當害羞，因此無法很快就與對方發生關係。他們需要時間，才能夠近一步與他人進行肢體接觸。

　　在第一個人生階段，他們會不斷在感情裡進行嘗試，以獲取經驗。

　　在第二個人生階段，他們會逐漸抽離自己的人生，並以第三人的角度進行觀察。若對方是你的伴侶，這種探險式的感情並不輕鬆，因為他們會需要自己的時間與空間。

　　在第三個人生階段，他們能夠清楚意識到，對方是不是自己的靈魂伴侶。這意味著，一段感情若不能進一步發展，便會隨之終止。

人生角色 6/3：人生典範之烈士

他們是他人眼中的典範，能夠正確地面對問題。

人生角色 6/3 能透過他人或與他人一起，替自己的人生找到目標與意義；他們的人生分為三個階段。

在 30 歲前，他們會不斷地試與犯錯，這段時間可說是混亂期。也因為諸事不順，並經常犯錯，他們總是相當悲觀。若仍是小孩，則需要較多的鼓勵，才能夠走出這段灰暗期。但不必太過擔心，因為所期待的事物終將實現。對這類人而言，重要的是要能從失敗的經驗中學習，且不會因犯錯而受到懲罰。

30 歲後的第二個人生階段，他們會逐漸遠離過去的混亂生活，並以從屋頂向下俯瞰的方式檢視自己的人生，而過去悲觀的態度會逐漸轉為樂觀。即使仍會經常犯錯，他們已能在嘗試過程中以較客觀的角度觀察事物。

他們能獲得機會，將自己的經驗分享給他人，並藉此獲得尊敬與景仰。儘管仍會持續犯錯，他們卻會逐漸成為權威，而這需要時間醞釀。

約 50 歲後，真正的人生挑戰才正要開始。他們會發現，自己

的人生其實還是一團亂，且仍在不斷嘗試與犯錯。然而，在這個嶄新的人生階段裡，對於一切的感覺會有所不同。他們已經能夠以典範之姿分享自己的經驗；在 50 歲前向他人傳授的內容，自己都將親身經歷一遍。

性與愛

30 歲前，他們會不斷嘗試與犯錯，即使在感情與性愛上也是一樣。他們想找出感情中的阻礙物與潤滑劑，會不斷遭遇阻礙並受挫。最理想的方法是，不要用一段長久的關係綁住（如婚姻）自己與伴侶。

約從 30 歲開始，他們關注的感情層面會有所不同。他們會開始尋找靈魂伴侶，並會發現，仍擺脫不了實驗、嘗試與失敗的過程。即使認為自己找到了靈魂伴侶，他們仍需要與對方保持一定的距離。透過獨自旅行與分房睡的方式，就能與「走入或離開一段關係」的問題共存。

50 歲後，他們才能確定，與自己共同經歷兩個人生階段的對方到底是不是靈魂伴侶。

當然，他們仍會意識到嘗試的課題，因此必須與伴侶保持一定的距離，才能有豐富的感情生活。50 歲後，與伴侶之間的相互信任尤其重要。

伴侶關係

想跟人生角色 6/3 的人於 30 歲前建立伴侶關係，你必須相當獨立。你會與對方共同經歷許多事情，並透過混亂的一切與所犯的錯誤認識兩人之間的問題；從錯誤中獲得的經驗就是感情中的養分。

30 歲後，混亂的情況會緩和下來。他們能以比較客觀與樂觀的方式看待感情問題，而人生中的視野也會逐漸清晰。

50 歲後，感情生活會更加豐富，但對人生角色 6/3 而言，適時地與對方保持距離仍相當重要。

若他們發現，對方不是自己的靈魂伴侶，便會結束感情。

第 5 章

性的祕密

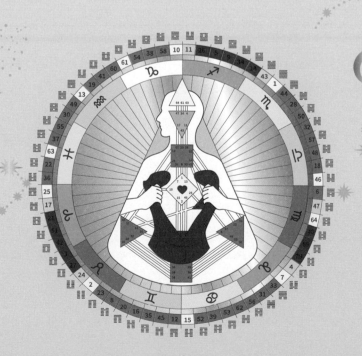

- 性愛總是美好的嗎？
- 隨時做好準備！
- 若有愛，性就是美好的！
- 縱慾與禁慾握手言和

　　基本上，人類會受到兩種驅動力的影響，也就是「生存」與「繁衍」，是來自人類基因的設計。兩者不僅很自然，皆與保護基因有關。生存涉及了填飽肚子，也保護身體不會遭受疼痛與傷害。當然包括了營養攝取與居住環境的問題，因此衍伸出了相關的商業行為。

　　第二種同樣重要的驅動力是繁衍，但被當作是禁忌話題，而人們也不斷操弄此議題，西方文化的主要信仰，例如：基督教、猶太教與伊斯蘭教，都有相當程度地介入。在 1960 與 1970 年代，西方文化曾開放討論性議題。然而，那段「權力歸花」（Flower Power Zeit）＊的時期已不復在，取而代之的是「談性色變」的態度，就像是雙重人格；這也成為了未來發展的阻礙。

　　人們很早就有性愛與受精的概念。在古希臘羅馬時期，人們開始研究相關有益的技術，而完整的知識也在過去數世紀逐漸成形。另一方面，墮胎藥與各種避孕方式的出現，象徵了一個轉捩點。

＊　意旨嬉皮文化，他們又稱為「愛與和平的花之使者」。

　　此外，由於生育能力日趨下滑（男女皆是），還催生出了試管嬰兒培育技術。這個技術上世紀才誕生，先前可能沒有這個需求，也沒有相關的解決之道。

　　對性相關的議題，總是伴隨了許多禁忌，例如：在公開場合發生性行為、娼妓的廢存、開放式關係、交換伴侶、性愛俱樂部等。我們對於性的理解，受到了社會價值與宗教信仰影響下的教育形塑，伴隨而來的禁忌、避而不談、無知、不安與覬覦，都讓人們無法獲得合適與歡愉的性生活。

　　就算尋求兩性關係與性諮商師的建議，他們會提供符合普世價值、單一無差別的建議，而他們也只能做到如此。然而，這就像在建議渴望一夜情的人，要他們慢慢來、去做按摩；或是建議需要時間做心理準備的人，去嘗試在廁所或夜店發生關係。人們因此產生空虛感，嚴重的人甚至會認為，自己身體上有缺陷。

　　由於人們長期對性採取了錯誤的態度，便可能隨之產生性障礙、性冷感與陽痿等問題；這些不對勁的感覺（如沒有性慾）常常都被歸咎於健康或心理因素。

　　或許有些男人對於性諮詢的看法有些極端，例如：「別人只是利用我們的問題賺錢」，但這確實是部分伴侶的經驗。有人因此偷偷地隱瞞自己的另一半，因為開誠布公可能會毀了一段感情。

　　每個人都有自己的模式，若能對其有所認識，並照著「人生使用說明書」，性生活的品質便能大幅提升，而許多人經歷過的感情問題也都會迎刃而解。若每個人都能夠充分認識自己的類型，伴侶與自己都能重獲自由。

透過認識自己的人類圖，就能踏出第一步。我們會用淺顯易懂的方式，也盡可能不受道德倫理的約束，將重點擺在自己與伴侶的類型與需求，以滿足彼此之間的性生活。

　　透過基因設定了解自己與他人，而不受文化與道德規範的限制，能幫我們生活得更輕鬆。儘管不需要凡事都遵照常規，也是有人可以適應得很好。

　　每一個閘門總共可以產生 1,080 種特質，由不同的基準（base）、調性（tone）、顏色（color）與爻線（line）組成。若想更深入了解自己閘門的組合，可洽詢專業的人類圖分析師。

　　為了了解自己在感情中的性愛模式，我們會簡單介紹四種類型獲得歡愉性生活的方式。

　　然而，即使你對於相關議題已經有所了解，那這些內容對你而言參考就好。當然也有可能，最適合你的方式，剛好符合了社會價值與道德規範。請試著找到能夠滿足自己性慾的方式，讓你能有點頭緒，但要徹底了解，可能需要一些時間。困難的地方在於，能滿足你性慾的方式，不一定符合主流價值對好壞與正確的定義。

性愛與四種類型

　　每種類型都有自己一套對待性愛的方式。如何完全並正確地根據自己的類型，回到內在權威與策略進入一段感情，將是重點所在。方式如下：

　　生產者的伴侶問他想不想上床，而他的薦骨給出了「嗯哼」的回應，並產生了動能。生產者因而能夠體驗一次滿足的性經驗。**生產者是唯一視高潮為至關重要的類型，那對他們而言代表了滿足**；滿足就是生產者所追求的目標。

　　若生產者沒有透過正確的方式發生性關係，此次經驗會令他失望。

　　投射者會受到伴侶的邀請發生性關係，而他們能夠透過身體的反應意識到，對方是否真正認識自己。

　　對投射者來說，**性關係最重要的是成功**。他們希望能讓對方感到愉快，並獲得滿足。**投射者總是將目光放在對方身上，那就是他們定義成功性行為的關鍵**。他們比較不重視自己的慾望，而是希望滿足他人。對他們而言，伴侶如果滿足，他們就能夠感到滿足。

　　若投射者沒有正確地發生性關係，他們便會感到苦澀。問題往往是因為，對方沒能認識他們真正的樣子。

　　顯示者必須透過內在權威決定，是否要與他人發生性關係，並告知對方。他們應該要依照對方的類型而行動，例如對生產者提問。

　　若生產者給出了肯定的答案，不僅自己能獲得滿足，顯示者也能擁有愉快的性經驗。顯示者唯一希望的，是能與伴侶共同享受美好的性體驗。

若顯示者在沒有獲得對方回應的情況下，透過頭腦做決定，可能會為結果感到憤怒。

　　因為**反映者**喜歡驚喜的本性，透露了他們錯綜複雜的性關係。然而，反映者唯有透過時間決定一段正確的關係（28 天的月循環週期），才能夠在性生活中獲得驚喜。

　　此外，他們也該與他人互動交流。若反映者踏入了一段錯誤的關係，便可能會對性生活感到失望。

閘門

　　為了進一步了解性，我們必須著眼於人類圖。

　　首先要看閘門，而閘門在哪裡？又是如何形成的？

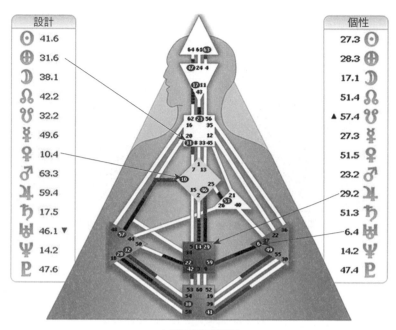

人類圖的閘門

在每張人類圖上，閘門都以相同的數字於同樣的位置標記。在與性相關的議題上，我們要看的是**薦骨中心**與**情緒中心**的閘門（或看數字）。

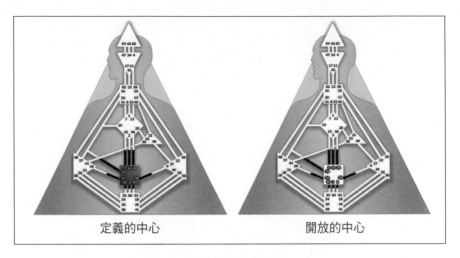

定義的中心　　　　　　　　開放的中心

薦骨中心的閘門

　　薦骨中心的每道閘門都對應了特定的性主題。若薦骨中心為定義（左圖），便存在閘門；若薦骨中心為開放（右圖），閘門則會受他人定義的薦骨中心激發，不是絕對能體驗到閘門相對應的議題。

　　不同的閘門在不同人身上有不同的優先順序，若閘門後面小數點的數字有對應到人生角色的數字，則代表了一個人進入性關係的主要議題。

做好準備

🌀 人類圖，愛、關係與性的案例

• 人生角色 3/6

一個或多個薦骨中心閘門後方小數點的數字，對應了人生角色。如在這張人類圖中，27 號閘門後方的數字是 3；這意味著，27 號閘門的主題就是進入性關係的關鍵。

若一個人生角色的薦骨中心裡，沒有一個有顏色的閘門有數字 3 或 6，則如何準備進入性關係，就是學習的主題。這代表你需要透過學習，並謹慎行事，才能獲得好結果。

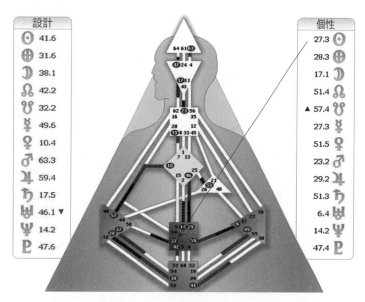

人生角色 3/6

01

薦骨中心：準備

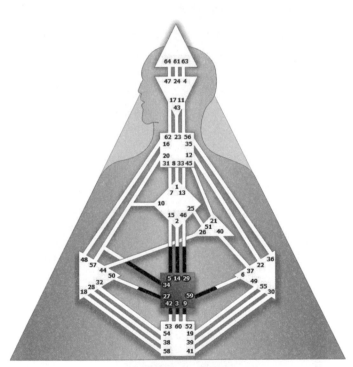

薦骨中心的閘門

定義的薦骨中心

擁有定義的薦骨中心，表示一個人隨時都做好了發生性關係的準備（引述拉・烏盧・胡）。然而，他們的充分準備是有條件的，就要看閘門的定義。**只有特定條件獲得滿足，才能夠進入對於性關係的準備狀態。**

由於只有生產者擁有定義的薦骨中心，他們面臨性關係的問題是：「我有精力和體力嗎？我做好準備了嗎？」這裡指得是身體的準備狀態，與心裡意願無關。若生產者的薦骨給出了「嗯哼」的回應，無論內心反應為何，他們就是為性關係做好了準備。

閘門定義了需要被滿足的條件，才能進入準備狀態。體驗性的方式永遠都是相同的，即使從 13 歲到 83 歲，經過了大把的歲月仍是如此。

我們擁有的閘門建立了基礎。對生產者來說，**他們的先天設計傾向於一夫一妻制，能有一個終生伴侶就夠了**，而且他們對於性的看法也與此相同。基本上，生產者能透過薦骨中心產生能量，具備生育的能力。

 開放且無定義的薦骨中心

擁有無定義的薦骨中心意味著，**只有此中心被啟動，才能為性做好準備**，會透過他人或行星過境而發生。例如 1968 年的「權

力歸花」，59–6 通道（親密的通道）行星過境的影響下，能夠產生親密與緊密感，因此那段期間人們便會特別關注性的議題。薦骨中心開放的類型（顯示者、投射者與反映者）跟薦骨中心定義完全相反，沒有固定的性議題，無論是從不好的經驗到豐富經歷，一切都有可能發生，這對他人相當有幫助（如諮詢過程中）。

對這類人來說，為性愛做足準備永遠是個難題，因為必須由他人或行星過境來為性愛提供準備的條件。也因如此，獲得成功性愛的方式是變動的。**不同的伴侶會為生活帶來不同的可能，也為這類人創造龐大的可能性，他們可能是尼姑、狐狸精、和尚或花花公子。**

薦骨中心開放的人，問題在於自己喜歡什麼。因此對他們來說，在性愛方面多嘗試很重要，以找到喜歡，並適合自己的類型。對薦骨中心開放的人，無論同性戀或異性戀、偏好譚崔瑜伽（Tantra）*或 SM，我們會建議這類人多去探索不同的世界；因為透過多元開放的嘗試，能擁有一切的可能性。從小開始，薦骨中心開放的男孩或女孩，若能於不斷嘗試中獲得喜悅，才能有所收穫。對他們來說，唯一的課題是「我喜歡什麼？」而且必須根據自己的類型，回到內在權威與策略，例如：投射者若沒被邀請，就不該逕自嘗試。

在諮詢過程中，一名投射者曾這樣說：「我的性生活不僅無

---

* 「譚崔瑜伽」是一種性愛瑜伽，透過練習伸展與增加肌力的動作，來幫助獲得更佳的性愛體驗。

趣，甚至亂成一團。」這名女性 18 歲時認識了自己的丈夫，兩人卻在她 50 歲時離婚，因為孩子長大後搬了出去，他們的生活因此全亂了套。對她而言，性從來不是享受，而是一種婚姻中的義務。她很開心自己離婚了，因為終於不用再盡這項義務了。在謹慎考慮後，她進入了下一段關係，之後發現，自己卻錯過 32 年的美好性愛。

薦骨中心開放的缺點是容易不知節制，在性方面也是如此，因此濫交、縱慾與性成癮都是潛在問題。開放的薦骨中心會放大他人定義的薦骨中心，而這類人會依照他人的性模式行動。也因如此，他們在換了伴侶之後，性生活也會有所改變。

若一個人的薦骨中心在伴侶關係中處於開放狀態，意味著尚未做好準備。即使深陷愛情，或享受與伴侶的互動，性行為仍只在特定情況下才能順利發生。這不是太大的問題，只是伴侶關係中的基因設定，更不是生理缺陷。此外，由於兩人之間確實存在情愫，因此問題有時也會被歸咎給體內的化學作用。當然，互相怪罪更是無濟於事，只有透過諮詢讓自己為性生活做好準備，才是正確的解決之道。

來諮詢的人，多是三十多歲或五十多歲，因為這兩個階段都是明顯的人生轉折，許多人會在婚姻與性生活中產生不同的情緒反應，如沮喪、生氣、鬱悶與失落。若雙方都能在諮詢過程中敞開心胸，並透露自己對於性生活的期待，問題就會簡單得多，而一切也會逐漸明朗。兩人若無法找到解決之道，便會分手或發展成開放式關係。

> **☯ 人類圖，愛、關係與性的案例：濫交**
>
> • 湯馬士的薦骨中心是開放的，三爻的人生角色
>
> ---
>
> 　由於薦骨中心開放的設計，湯馬士需要的是新鮮感。三爻使他需要嘗試不同的性愛形式，以從中的錯誤獲得經驗。
>
> 　對湯馬士而言，維持一段穩定的關係可能不太容易，因此我們文化中常見的單一伴侶制對他來說可能不合適。他不僅無法專一，且為了找到適合自己的方式，可能會出軌與劈腿。

 **薦骨中心的閘門**

❺ 號閘門

　5 號閘門與步調和習慣有關，可以是每週 1 次、每週 4 次、都在早上、都在晚上或每週三上午。

　若伴侶雙方都有 5 號閘門，則該將步調調整一致，使兩人有重疊的機會。

🌀 人類圖，愛、關係與性的案例

• 傑德擁有 5 號閘門

　　傑德擁有自己的性生活步調，他喜歡在週末上午享受床上的歡愉時光。

　　然而，他與男友的步調完全不同。對方喜歡在週間傍晚享受性生活，而如此的差異可能會使兩人出現感情危機。

⑭ 號閘門

　　14 號閘門能透過性愛來獲得能量。此閘門會釋放衝勁，因此可能對一夜情有所偏好。藉此能夠迅速獲得能量，使自己充滿活力，並將能量運用在其他事物上，如打掃或整理家裡。

㉙ 號閘門

　　29 號閘門會回顧經驗，並從中尋找意義。這類人只有認定那會是一次美好的經驗，才會做出肯定的回應。若能根據自己的類型，回到內在權威與策略做決定，便能滿足擁有美好性經驗的條件。若做出錯誤的決定，即使性生活豐富，也不會有良好的品質。要與對的人正確地發生關係，才是關鍵。

59 號閘門

擁有 59 號閘門的人，渴望擁有親密與緊密的關係，因此在性方面，重要的不是性行為，而是親密感。他們的伴侶必須與他們相當親近，而且是水乳交融的親近。

9 號閘門

擁有 9 號閘門的人重視細節，因此連小事都必須令他滿意。對他們而言，連手錶上刮傷的紋路都無法接受，因此有些伴侶之間會有非常仔細與準確的互動模式。

3 號閘門

3 號閘門代表「萬事起頭難」，也代表伴侶必須扮演領導的角色，幫這類人克服剛開始著手一件事的障礙。若伴侶能給予建議，一切就會容易得多。他們需要的是指引與帶領，如此一來才能為性做好準備。若擁有 3 號閘門，性生活便可能會出現 SM 情節，因為他們會於其中受到支配。這無關性別，重要的是哪一方擁有 3 號閘門，而另一方便需要扮演領導角色。

🔅 人類圖，愛、關係與性的案例

• 彼得擁有 3 號閘門

———————————————————————————————

　　由於天生設計的緣故，彼得若能被他人支配，便能擁有美好的性經驗。然而，他認為自己身為男性應該扮演主導方，卻做不到。

　　莎賓娜發現，只要是由自己主動開始，並支配對方，兩人便能相當盡興。只是過去接受的教育告訴她，因為彼得是男性，應該要是主動的那一方。

　　彼得曾嘗試主動，卻總是無法營造出令雙方滿意的氛圍。若無法正確理解這個問題，雙方的感情與性關係之間就會出現問題。

㊷ 號閘門

　　42 號閘門代表成長與結束，認為性是一種生活經驗，屬於生活中的一部分。若一個人踏入了一段性關係，便很難再走出來，或需要很長的時間。透過此閘門的成長概念，一個人可以在關係中獲得經驗，並從中成長。

㉗ 號閘門

　　擁有 27 號閘門的人會在伴侶身上尋找特定的條件，而有許多可能性。無論是社會、政治或溝通方面的條件，只要潛在伴侶未

能符合，這類人便無法進入準備充足的狀態。從經濟條件到實際互動，對方都必須達到要求才行。

34 號閘門

擁有 34 號閘門的人往往有許多工作要處理，而且相當忙碌，以至於無法將心思放在性生活。這個閘門同時也是決定孩子數量的基因庫；在任務完成後，性關係對這類人來說將不再重要。

情緒中心：性致

　　儘管發生性行為的條件是身體的準備狀態，但性致也同樣重要。性致（拉・烏盧・胡稱之為驅動力）是由情緒中心負責，但不會保持一致，因為慾望有強弱之分。

　　由情緒中心所發出的情緒波，是一個完全自然的變動過程，讓我們了解到，除了隨時做好身體準備，也該充滿性致。

　　定義的情緒中心對於高潮與低潮的性致有特定的模式，而開放的情緒中心會接收並放大他人當下不同的能量。

　　若雙方皆擁有定義的情緒中心，便可能發生各自情緒波處於不同位置的情況。對此最好的方式是，等待一段時間，使兩人的情緒起伏降至相似的程度。當然也有因素能使性致增加；想了解如何增加或減少性致，情緒中心便是重要的關鍵。

　　重要的是互相了解，而不是怪罪。只有情緒中心被啟動，才能提起性致；若情緒中心處於休眠狀態，便無法對伴侶產生慾望。許多人常有種感覺，自己與伴侶的關係不太對勁，事實上卻不是如此。若能了解這種感覺從何而來，問題便能夠迎刃而解。

　　在諮詢過程中，人們通常能獲得相當有益的建議，藉此提升自己的性致。

情緒中心的每個閘門，都對應了與性相關的不同性致主題；即使位於定義的情緒中心，蓄勢待發，但仍會受到情緒波的高低變動影響。此外，位於情緒中心開放的閘門會受他人的定義中心（或行星過境）啟動。

若能認識伴侶的設計，便能夠了解如何應對。即使面對困難，也能一笑置之，並互相體諒。

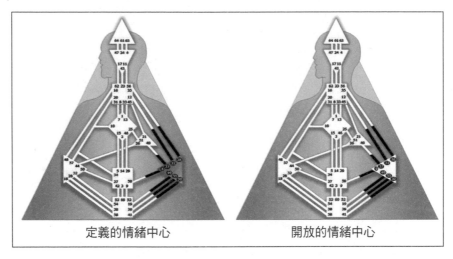

定義的情緒中心　　　　　　　　　開放的情緒中心

情緒中心的閘門

㊾ 與 ㊲ 號閘門

這類人在與他人碰觸後，性致會隨之增加或減少，關鍵在於碰觸過程的品質。若能在碰觸過程中感到興奮，便能體驗絕妙的

享受。

反之，若碰觸過程不順利，性致也會隨之消失。對 37 號閘門來說，重要的是親吻；對 49 號閘門而言，則希望伴侶總是在身邊。

現在問題來了：你需要的是哪一種碰觸？

55 與 22 號閘門

對這類人來說，人們常會用錯誤的語調稱讚他們，因此性致會突然消失地無影無蹤。**正確的音調或音樂能幫助他們進入狀態**，例如：「性感的聲音」、「浪漫的語調」或「適當的音樂」。即使雙方陷入了愛河，但伴侶放錯音樂（例如：將爵士樂放成搖滾樂），性致也會蕩然無存。他們的性致可能會突然出現，也可能會突然消失，就像電路開關一樣。

對 55 號閘門來說，陷入愛河的感覺相當重要；對 22 號閘門而言，魅惑與迷人才是重點。

30 與 36 號閘門

這兩個閘門跟新鮮感有關，而且不重複，因此最好能偶爾回顧過往，自問哪些人是有益的。例如：若沒有跟紅髮女子交往過，便會有躍躍欲試的感覺。這種與性相關，對新鮮感的追求，也會反映在地點，例如：**樓梯間、地板上、超市中、房間裡、陽台上或性愛俱樂部裡**。反正除了床，其他事物都必須有所不同。對他們而言，**傳統的性愛方式相當枯燥**。

若置身於保守的文化社會中，要享有豐富的性生活對這些人而言是有難度的。此外，36 號閘門也代表了危機，可能會因此產生問題；30 號閘門則代表了對性的渴望，能使感覺升溫，彷彿燃燒的烈火。

36 號閘門代表了缺乏經驗，因此每一次新的體驗也都伴隨了風險，例如：在公共場所的性行為就有可能會帶來麻煩。

❻ 號閘門

6 號閘門代表摩擦，因此產生親暱與緊密感，而且不像其他情緒中心裡的閘門需要外力。若自己擁有其他定義的閘門，在對應的主題上便能夠獲得滿足。

59 – 6 通道

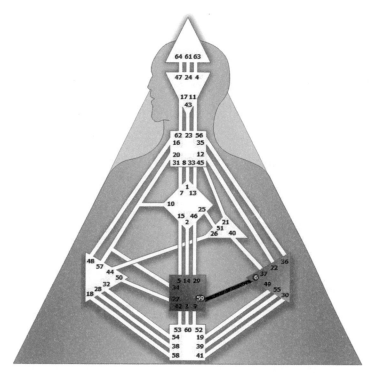

通道 **59-6** 的位置

　　這條通道是薦骨中心與情緒中心唯一直接的連結，代表了親暱與緊密。

　　擁有這條通道的人具有強烈的魅力與吸引力，尤其針對異性。性魅力包含外表、體重、衣著與整潔，並能於短時間內與他人建立親密關係。他人對於這類人的評價很兩極，不是喜歡，就是討

厭，但沒人會忽視他們。

　　生育能力的主題也跟這條通道有關；一名容易受孕的女性，若不是她自己，就是她的丈夫擁有這條通道。當然，生育能力也能從另一個面向討論，即不孕。有些人即使試遍了各種方式，仍舊無法受孕。儘管這類例子並不常見，仍有可能會發生。

　　為了能夠讓自己成功受孕並生育，這條通道必須在接通的狀態，或在其他的情況，例如：周圍友人有這條通道的能量場，或行星過境所帶來的影響。

第 6 章

用人類圖解析《睡美人》

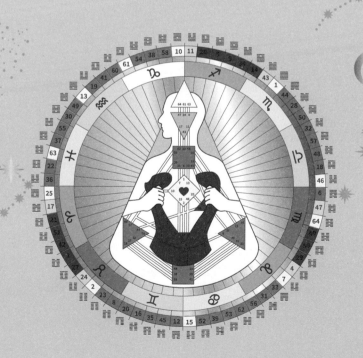

童話多是口耳相傳的故事，其傳播過程不僅反映了人們的意識，也呈現出敘述者的思維。童話故事中，主角是無法躲開特定命運或必要的情節。

　　童話故事往往能陪伴孩子入眠，卻讓成人驚醒。

　　「很久以前，國王與皇后每天都感嘆：『哎，要是我們能有個孩子就好了。』但他們的願望始終沒有實現。」

　　若一對伴侶想要小孩，過程卻相當不順，往往可以從人類圖中看出一些端倪。主要涉及兩個沒發揮作用的能量中心，原因在於生殖的基因設定（見第 5 章 59–6 通道）。

　　「有一天，國王在泡澡時，一隻螃蟹爬了出來，並告訴他：『你們的願望一年後會實現，會生下一個女孩。』」

　　在此情境中，螃蟹的出現代表了環境因素的改變。透過接近他人或動物，能使感情品質獲得明顯的改善。當然，時間品質所帶來的正面能量，也會是帶來改變的重要因素。

　　「螃蟹的預言成真了，國王與皇后真的生了個公主。他們希望與眾人分享喜悅，因此舉辦了慶典。」

　　公主是投射者，因為她將在未來領導整個國家的命運。

「國王不僅邀請了自己的親戚、朋友、熟人，甚至也讓女智者來抱抱孩子。王國裡一共有 13 位女智者，但由於國王只有 12 個能供她們用餐的金盤，因此有一人必須留在家中。」

女智者通常是投射者，因為她們帶領並引導了許多人的命運。但有時也有反映者，因為她們具有同理心。

由於顯示者的領導作風老派，身為領導人的顯示者愈來愈少，從統計數據上看來也確實如此。

「當華麗的慶典接近尾聲時，女智者們開始為小公主祈福：第一位賦予了品德、第二位賦予了美貌、第三為賦予了財富……所有人都賦予了她眾人渴望的特質。」

這些禮物都將是公主的人生課題，涉及了她所有的開放中心，也就是人類圖中空白的部分。 只有了解這些中心，人們才能真正獲得智慧。

「第十一位女智者話才剛說完，第十三位女智者卻突然現身。為了報復沒有受到邀請，她無視於在場的所有人，大聲念出詛咒：『公主將在 15 歲時從高處跌落，插中下方的紡錘身亡。』之後，她頭也不回地離開了現場。」

只有顯示者會逕自出現在特定場合，並製造混亂、使他人驚

慌失措。

如同這個故事，顯示者在被拒絕後，往往會變得冷酷無情，只為了令他人感到害怕。

「所有人都嚇壞了，而第十二位女智者急忙跑上前，因為只剩下她還沒為小公主祈福。只是，她無法能消除詛咒，只能減輕嚴重程度：『公主不會喪命，但會沉睡 100 年。』」

女性反映者（如第十二位女智者）若依據月循環生活，便會決定未來的走向。她能對社會感同身受，並體諒他人的恐懼。她扮演了類似企業顧問的角色，能顧及全體員工的利益。

故事中，小公主的命運，女智者依據自己的期望為她做了不同的安排。

「國王為了保護寶貝公主免於受難，下令燒毀王國中所有的紡錘。所有女智者的期許幾乎都實現了，公主長大後不僅漂亮、友善、體貼，還舉止得宜，使她人見人愛。在 15 歲生日當天，國王與皇后都出門了，留她獨自在家。」

每個人都有屬於自己的成長過程，也無法逃脫模式。為了獲取經驗，人們有時會為自己選擇挑戰，例如：國王的寶貝公主就可能會尋找本質上與自己不符的東西（如在工作方面）。

「公主好奇地在城堡裡跑來跑去，看遍所有的倉庫與小房間。之後她來到一座古老的塔，沿著狹窄的旋轉樓梯爬到了頂端，隨後她看見了一扇小門，而生鏽的鎖頭上頭還插了一把鑰匙。在她轉動鑰匙後，門打開了。裡頭狹小的空間有一名老奶奶，用紡錘辛勤地織著麻布。」

在許多故事與童話中，命運如同滾動的**轉輪**，驅使著人們朝特定的方向前進。由此可見，公主也無法擺脫注定的命運，因為人生主題緊扣住了每個人的人生舞台。

「『老奶奶妳好，』公主說：『妳在做什麼啊？』老人點了點頭說：『我在織麻布啊。』『那彈來彈去的東西是什麼？』公主問道，並伸手碰了紡錘，想要參與。」

投射者不該以與他人相同的方式工作，卻仍想嘗試，因為其他人都這麼做。人們會受到外在環境的影響，因此甚至會做出完全不利於自己的決定。

「公主的手指才剛碰到紡錘，詛咒便生效了。在紡錘刺中手指的那個瞬間，她昏倒在一旁，深沉地睡去。」

若人們做出了違反自身類型與內在權威的決定，便可能會深陷沉睡，也就是在人生中誤入歧途；公主正是陷入了脫離自己潛

能（如感受、駕馭、領導與引導）的狀態。沉睡是一個很美的比喻，**而人們直到能真正認識與覺察自己才會甦醒**。對許多投射者而言，在獲得他人的邀請前，等待的過程的確如同沉睡一般。

「這股睡意逐漸於城堡中擴散開來，不僅剛踏入城堡大廳的國王與皇后立即陷入沉睡，連城堡農場也陷入死寂；馬廄裡的馬、莊園上的狗、屋頂上的鴿子、牆上的蒼蠅都進入了夢鄉；甚至火爐逐漸熄滅、柴火也不再然燒；至於廚房裡的廚師原本因男僕犯錯而抓住了對方的頭髮，也因睡著而將手鬆了開來；甚至風都靜止了、大樹的葉子也不再飄動了。然而，城堡旁的荊棘卻仍在生長，一年長得比一年還高，最後不僅包圍了城堡，高度還超過了城堡。屋頂上的旗幟都滅頂了，再也沒有人能夠透過荊棘看到一絲城堡的影子。」

這是許多人的生活寫照；他們脫離了人生喜悅，深陷沉睡的狀態。有些人終其一生都是沉睡的鳳凰，再也沒有甦醒過來。

「之後便流傳起了關於睡美人的傳聞，而主角就是公主。期間有不同國家的王子，不斷試圖穿越荊棘，以進入城堡一親芳澤，但所有人都不得其門而入，因為荊棘像彼此緊緊地手牽著手。有些王子被牢牢地卡在其中，無法脫身，並逐漸死去。」

王子們可能是想主動進攻的生產者，因為他們總有充沛的精

力與體力，而耐心地等待並不是他們的強項。若他們的行為與薦骨的回應不一致，事情便無法順利進行。由於他們所支配的不是自己的能量，事情可能會以失敗收場。若這類人在沒有被詢問的情況下透過頭腦做決定，便可能會被困在荊棘牆中。

「不知道過了多久，又有一名王子來到這個王國。他從一名老先生那聽到，荊棘牆後方有一座城堡，裡頭有一名沉睡了數百年的美麗公主，人們稱作睡美人。此外，國王、皇后與其他僕役也都還在裡頭。老先生從自己的爺爺那聽到，過去有各國的王子不斷前來，試圖穿越荊棘牆，卻都以悲劇收場。這名年輕的王子說：『我不怕，我要穿過去，親眼見見睡美人。』老先生想要勸退他，他卻連一個字也聽不進去。」

這位年輕人對於冒險充滿了能量，因為他獲得了薦骨的回應，而不是透過頭腦做決定。有人對他提問，而他的薦骨對於冒險做出了「嗯哼」的肯定回應。生產者在正確的時間獲得了命運的提問。

「在正好滿 100 年當天，這名王子來到了被荊棘包圍的城堡前。在他逐漸向荊棘靠近時，荊棘突然變成了大朵的美豔花朵，並裂出一個大洞，讓他毫髮無傷地走了進去。花朵之後又變回了荊棘，而洞也消失了。」

在什麼情況下，人生才會裂出一個大洞，讓我們走進去呢？依據我們的經驗，**若能根據自己的類型，回到內在權威與策略生活，便能夠做出正確的決定**。如此一來，人生就會容易許多，而大門也會一扇扇敞開，如同這名王子的經歷。即使我們面對的是荊棘，也會裂出一個大洞，讓我們毫髮無傷地度過人生難關。

「在城堡花園裡，王子看見馬兒與斑紋獵犬都趴在地上熟睡，而屋頂上的鴿子也把頭埋在翅膀下。進到城堡後，他看見蒼蠅也在牆上睡著了，而廚師仍舉著手，想抓住男僕；坐著的女僕面前有一隻烏骨雞，應該是在檢查。王子繼續朝城堡大廳走去，看到所有人都被催眠了。上頭躺的正是國王與皇后，一旁還擺了皇冠。他繼續走，而四周寂靜，他甚至能聽見自己的呼吸聲。不久後，他來到了一座塔，並打開了一扇小門；狹小的空間裡躺的正是睡美人。她靜靜地躺在那，美得讓王子幾乎不敢眨眼。他之後彎下腰，給了公主一個吻。」

王子辨識出公主的潛在特質，並知道對方是投射者。投射者永遠都抱持著希望受邀的態度，而這個吻代表了邀請，使她能做回原本的自己。邀請必須是正式的、有禮貌的，並針對個人的；因此這個吻必定能將公主喚醒。

「在王子親到公主的那一瞬間，她睜開眼睛醒了，並和藹

地看著他。他們一起離開了那座塔，而國王、皇后與城堡裡的一切也在那之後恢復清醒，並疑惑地望著彼此。農場裡的馬兒醒了，搖了搖身體；獵狗也醒了，甩了甩身體；屋頂上的鴿子同樣將頭探出了翅膀，望了望四周，並朝一旁的田野飛去；牆上的蒼蠅飛了起來，而廚房裡的爐火也愈燒愈旺，繼續加熱煎盤裡的食物；而廚師賞了男僕一記耳光，使他叫了一聲；女僕不久後也拔好了雞毛。」

由於生命能量再次出現，整座城堡都甦醒了。人們對於身為投射者的公主採取了開放的態度，因此願意接受她的引導。這是正確的決定，而所有人也因此醒了過來。

「之後公主與王子舉行了盛大的婚禮，兩人從此過著幸福快樂的生活。」

若雙方都能夠接受彼此真實的樣貌，便能有美好的結果，因此身為生產者的王子與身為投射者的公主結婚了。王子的能量會受到公主的支配、引導與領導，並能為王國的建設與治理帶來正面的效益。

即使現實生活不如童話的詮釋，但能以偏概全地說，每個巫師都是顯示者，或每個睡美人都是投射者。

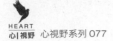

HEART
心|視野　心視野系列 077

人類圖，愛、關係與性

揭開人與人相互吸引的祕密，找到對的相處模式，為愛綻放
Korsett Beziehung?: In Partnerschaft und Sexualität sich selbst leben!

作　　者	安節雅博士（Dr. Andrea Reikl-Wolf）
	蘇嘉·G·舒拉莫（Shurga G. Schrammel）
審　　定	喬宜思（Joyce Huang）
譯　　者	趙崇任
總 編 輯	何玉美
主　　編	林俊安
封面設計	FE 工作室
內文排版	黃雅芬

出版發行	采實文化事業股份有限公司
行銷企劃	陳佩宜·黃于庭·馮羿勳·蔡雨庭·陳豫萱
業務發行	張世明·林踏欣·林坤蓉·王貞玉·張惠屏
國際版權	王俐雯·林冠妤
印務採購	曾玉霞
會計行政	王雅蕙·李韶婉·簡佩鈺
法律顧問	第一國際法律事務所　余淑杏律師
電子信箱	acme@acmebook.com.tw
采實官網	www.acmebook.com.tw
采實臉書	www.facebook.com/acmebook01

I S B N	978-986-507-271-1
定　　價	450 元
初版一刷	2021 年 3 月
劃撥帳號	50148859
劃撥戶名	采實文化事業股份有限公司
	104 台北市中山區南京東路二段 95 號 9 樓
	電話：(02)2511-9798　傳真：(02)2571-3298

國家圖書館出版品預行編目

人類圖，愛、關係與性：揭開人與人相互吸引的祕密，找到對的相處模式，為愛綻放 / 安節雅博士（Dr. Andrea Reikl-Wolf）、蘇嘉·G·舒拉莫（Shurga G. Schrammel）著；趙崇任譯 . -- 初版 . -- 台北市：采實文化，2021.03
256 面；17×21.5 公分 . --（心視野系列；77）
譯自：Korsett Beziehung?: In Partnerschaft und Sexualität sich selbst leben!
ISBN 978-986-507-271-1（平裝）

1. 占星術 2. 戀愛 3. 兩性關係

292.22　　　　　　　　　　　　　　　110000197

采實出版集團
ACME PUBLISHING GROUP
版權所有，未經同意不得
重製、轉載、翻印